CB077822

O livre-arbítrio

Quaestiones disputatae De Veritate

Questão 24

O livro é a porta que se abre para a realização do homem.

Jair Lot Vieira

Tomás de Aquino

O livre-arbítrio

Quaestiones disputatae De Veritate

Questão 24

Tradução, edição e notas

Paulo Faitanin
Doutor em Filosofia Medieval pela Universidad de Navarra (Espanha)
Professor Associado III e Professor do Programa de Pós-Graduação
em Filosofia da Universidade Federal Fluminense – UFF
Pesquisador do Gabinete de Estudos Medievais
da Universidade do Porto (Portugal)

Bernardo Veiga
Doutor em Filosofia pela Universidade Federal do Rio de Janeiro – UFRJ
Realizou o pós-doutorado em Filosofia pela UFRJ e em
Direito pela Universidade Católica de Petrópolis
Coordenador dos projetos: "Questões disputadas" e "Tomás, comentador"

edipro

Copyright da tradução e desta edição © 2015 by Edipro Edições Profissionais Ltda.

Todos os direitos reservados. Nenhuma parte deste livro poderá ser reproduzida ou transmitida de qualquer forma ou por quaisquer meios, eletrônicos ou mecânicos, incluindo fotocópia, gravação ou qualquer sistema de armazenamento e recuperação de informações, sem permissão por escrito do editor.

Logo do Instituto Aquinate: Wood engraving by Reynolds Stone, in Saint Thomas Aquinas, Selected writings, New York: The heritage Press, 1971, p. 1.

Instituto Aquinate

Grafia conforme o novo Acordo Ortográfico da Língua Portuguesa.

1ª edição, 2ª reimpressão 2022.

Editores: Jair Lot Vieira e Maíra Lot Vieira Micales
Coordenação editorial: Fernanda Godoy Tarcinalli
Coordenação do Projeto "Questões disputadas": Bernardo Veiga
Tradução, edição e notas: Paulo Faitanin e Bernardo Veiga
Editoração: Alexandre Rudyard Benevides
Revisão: Beatriz Rodrigues de Lima
Diagramação e Arte: Karine Moreto Massoca

Dados Internacionais de Catalogação na Publicação (CIP)
(Câmara Brasileira do Livro, SP, Brasil)

Tomás de Aquino, Santo, 1255-1274.

O livre-arbítrio : Quaestiones disputatae De Veritate : Questão 24 / Tomás de Aquino ; tradução, edição e notas Paulo Faitanin e Bernardo Veiga. – São Paulo : Edipro, 2015.

Bibliografia

ISBN 978-85-7283-880-1

1. Filosofia – Obras anteriores a 1800 2. Livre-arbítrio e determinismo 3. Teologia – Obras anteriores a 1800 I. Faitanin, Paulo. II. Veiga, Bernardo. III. Título.

14-10221 CDD-189.4

Índice para catálogo sistemático:
1. Tomás de Aquino : Filosofia medieval : 189.4

CÓPIA NÃO AUTORIZADA É CRIME
ABDR
RESPEITE O DIREITO AUTORAL
EDITORA AFILIADA

edipro

São Paulo: (11) 3107-7050 • Bauru: (14) 3234-4121
www.edipro.com.br • edipro@edipro.com.br
@editoraedipro @editoraedipro

Sumário

Apresentação

TOMÁS DE AQUINO [1225-1274], filósofo e teólogo dominicano, escreveu diversas obras e, entre as mais importantes, contamos as famosas *Questões Disputadas*, fruto de uma metodologia original e própria da atividade acadêmica da universidade medieval. Delas derivam as mais célebres contribuições do Tomismo para a Filosofia e a Teologia. Neste método medieval, Tomás inicia com uma pergunta [questão] e a desenvolve em artigos. Cada questão disputada pode conter diversos artigos. Cada artigo considera uma parte da questão mediante uma pergunta, estando composto por argumentos pró e contra e uma conclusão, na qual aparece a resposta do autor à pergunta elaborada na forma de artigo, que, por sua vez, compõe a questão. Em cada artigo Tomás procede da seguinte maneira: ante a pergunta proposta num artigo da questão, ele a afirma ou nega, expondo em contrário diversos argumentos. Em seguida, toma um ou mais argumentos fortes, que são contrários àqueles diversos raciocínios que se seguiram à pergunta inicial. Então, logo após esses argumentos, ele inicia uma resposta, em conformidade com o que pretende demonstrar, escrevendo no corpo do artigo uma conclusão, que é simultaneamente resposta à pergunta feita inicialmente, e termina esclarecendo as dificuldades ou contradições dos primeiros argumentos expostos.

O *Instituto Aquinate*, em parceria com a *Edipro*, inicia a empreitada de publicar uma série de textos inéditos, editados em vernáculo, em edição simples, acessível, com breve introdução descritiva e notas à tradução, com o intuito de pouco ou quase nada interferir na obra, deixando o leitor com o mínimo necessário para ele mesmo ir diretamente ao texto de Tomás. A intenção é divulgar não só entre o público acadêmico, mas entre os diversos admiradores do tomismo, as principais ideias do autor contidas nas referidas *Questões Disputadas*. Neste espírito nasce *o Projeto Questões Disputadas*. Este projeto é coordenado por Bernardo Veiga (Instituto Aquinate), doutorando em Filosofia pela UFRJ (bolsista Capes). Este livro foi traduzido e editado pelo Prof. Dr. Paulo Faitanin (UFF) e por Bernardo Veiga.

Este projeto não seria possível sem a cooperação do Prof. Dr. Enrique Alarcón (Universidad de Navarra/Espanha), presidente da *Fundación Tomás de Aquino*, detentora dos direitos de cópia dos textos latinos e mantenedora do *Corpus Thomisticum* (www.corpusthomisticum.org). O estimado professor Alarcón há muito colabora com a *Revista Aquinate* (www.aquinate.net), e a ele agradecemos por conceder-nos a permissão para pesquisar e utilizar como base para as traduções a edição latina dos textos contidos no *Corpus*. O texto vertido para o vernáculo também foi cotejado com outras versões, por sinal, todas muito úteis para considerar as soluções propostas para certas passagens de difícil compreensão e tradução. Para a configuração das notas de rodapé tivemos em conta, quando se fez necessário, o aparato bibliográfico das referidas edições latinas do texto e das versões que consultamos.

Apresentamos a tradução inédita em português da questão 24 das *Quaestiones disputatae De Veritate*, *O livre-arbítrio*, composta por 15 artigos. Esta obra é autêntica[1] e data dos três anos do primeiro período de ensino magistral de Tomás em Paris, 1256-1259.[2] Nesta obra, Tomás investiga a natureza do livre-arbítrio e sua relação com as criaturas, especialmente com os homens. Trata também do problema do mal e da necessidade da graça para a felicidade plena.

Fontes e repertórios bibliográficos

Outras traduções

Foram consultadas as seguintes versões: SANTO TOMÁS DE AQUINO, *Opúsculos y Questiones selectas*. Edición bilingüe. Coordinador de la obra Antonio Osuna Fernández-Largo. II. Madrid: BAC, 2003, p. 449-575; TOMÁS DE AQUINO, *De veritate, Cuestión 24. El Libre Albedrío*. Introducción, traducción y notas de Juan Fernando Sellés. Pamplona: Cuadernos de Anuario Filosófico 165, 2003; SAN TOMMASO D'AQUINO, *Le Questioni Disputate*. Testo latino di S. Tommaso e traduzione italiana. Volume Terzo. La Verità. (De Veritate). Questioni 21-29. Bologna: ESD, 1993; SAINT THOMAS D'AQUIN, *De Veritate. Les vingt-neuf questions disputées sur la vérité* (1256-1259). Philosophie et Théologie. Traduction par le frère André Aniorté, O.S.B., moine de l'Abbaye sainte Madeleine du Barroux, 2005-2008. Version Bilingue Latin/Français. Deuxième édition numérique août 2012 (http://docteurangelique.free.fr); THOMAS AQUINAS, *Truth. Questiones Disputatae De Veritate*. Questions 21-29. Translated by Robert W. Schmidt, S.J. Chicago: Henry Ragnery Company, 1954. Edição em HTML

1. MANDONNET, P., O.P. *Des écrits authentiques de S. Thomas d'Aquin*. 2. édition revue et corrigée. Fribourg (Suisse): Imprimerie de l'oeuvre de Saint-Paul, 1910, p. 30 e 106; GRABMANN, M. *Die Werke des hl. Thomas von Aquin*. Münster Westf.: Aschendorffsche Verlagsbuchhandlung, 1949, p. 307.
2. TORRELL, J. P., O.P. *Iniciação a Santo Tomás de Aquino. Sua pessoa e obra*. Trad. Luiz Paulo Rouanet. São Paulo: Edições Loyola, 1999, p. 71-2 e 389-90.

por Joseph Kenny, O.P. (http://dhspriory.org/thomas/QDdeVer.htm). Com relação às referências bíblicas da vulgata latina encontradas no corpo do texto, valemo-nos da *Bíblia de Jerusalém* (Paulus: 2002) para indicá-las, trazendo à luz possíveis esclarecimentos, quando assim for exigido.

Notas

Buscou-se, também, sempre que possível, confrontar os textos dos Padres da Igreja citados por Tomás e encontrados nas Patrologias grega e latina. Para este fim, de um modo geral, tivemos em conta os textos da Patrologia Latina (PL) e da edição de Migne (PG), disponíveis no site http://www.documentacatholicaomnia.eu/25_Migne.html. Para buscar as referências mais detalhadas das obras de Santo Agostinho, consultamos a excelente ferramenta de busca encontrada no site http://www.augustinus.it/latino/index.htm/. Ainda assim, quando necessário, pesquisamos a seguinte edição de obras gregas e latinas de diversos autores http://www.perseus.tufts.edu/hopper/. Para as obras de Aristóteles e Averróis foram consultadas as seguintes edições: *Aristotelis Opera* (Ed. Immanuel Bekker. Berlin: Walter de Gruyter & Sócios, 1960; AVERROES CORDUBENSIS, *In Aristotelis Opera cum Averrois Cordubensis in eosdem commentariis*. Venetiis: Apud Junctas, 1562-1574 [reimp. Frankfurt, 1962). Estas e outras obras, como as de Avicena, de Porfírio e de Boécio foram consultadas em suas edições mais clássicas no seguinte site http://capricorn.bc.edu/siepm/books.html. Com relação aos outros autores islâmicos e judeus, citaremos as edições mais usuais. Para as referências de outras obras de Tomás de Aquino, que incluímos em nossa tradução, para uma melhor fundamentação das ideias expostas no corpo do artigo, usamos as seguintes edições impressas das obras de Tomás de Aquino: TOMÁS DE AQUINO, *Suma Teológica*. Coordenação geral da tradução de Carlos-Josaphat Pinto de Oliveira, O.P. v. I-IX. São Paulo: Edições Loyola, 2001-2006; TOMÁS DE AQUINO, *Suma Contra os Gentios*. Tradução de Dom Odilão Moura, O.S.B. v. I-II. Porto Alegre: Edipucrs/Est, 1990-1996; SANCTI THOMAE DE AQUINO, *Opera omnia iussu Leonis XIII P.M. edita, t. 22* 3/1. *Quaestiones Disputatae de veritate*. Roma: Ad Sanctae Sabinae/Editori di San Tommaso, 1972; SANCTI THOMAE AQUINATIS, *In decem libros Ethicorum Aristotelis ad Nicomachum expositio*. Editio tertia. Cura et studio P. Fr. Raymundi M. Spiazzi, O.P. Taurini: Marietti, 1964; SANCTI THOMAE AQUINATIS, *Opera Omnia*. Iussu impensaque Leonis XIII. Tomus 3: *Commentaria in Libros Aristotelis De Caelo et Mundo*. Romae: Ex Typographia Polyglotta, 1886; SANCTI THOMAE AQUINATIS, *Opera Omnia*. Iussu impensaque Leonis XIII. Tomus 48 A: *Sententia libri Politicorum*. Romae: Ad Sanctae Sabinae, 1971; SANCTI THOMAE AQUINATIS, *Opera Omnia*. Tomus 6: *Commentum in quatuor libros Sententiarum*. Parmae: Typis Petri Fiaccadori, 1856; SANCTI THOMAE AQUINATIS, *In octo libros Physicorum Aristotelis expositio*. Cura et studio P. M. Maggiòlo, O.P. Taurini: Marietti, 1965; SANCTI THOMAE AQUINATIS, *In Metaphysicam Aristotelis commentaria*. Cura et studio P. Fr. M.-R. Cathala. Taurini: Marietti, 1915; SANCTI THOMAE AQUINATIS, *In Aristotelis librum De anima commentarium*. Editio tertia. Cura et studio P. F. A. M. Pirotta. Taurini: Marietti, 1948; SANCTI THOMAE AQUINATIS, *In librum Beati Dionysii De divinis nominibus expositio*. Cura et studio C. Pera, P. Caramello, C. Mazzantini. Taurini-Romae: Marietti, 1950.

Rodolfo Petrônio
Presidente do Instituto Aquinate

Introdução

Nossa intenção neste texto é brevemente expor e analisar a contribuição de Tomás de Aquino [1225-1274] sobre a questão do *livre-arbítrio* tratada em sua obra *De veritate*,[1] questão 24, estruturada em 15 artigos, como introdução à edição monolíngue que é aqui publicada. Com este breve estudo pretendemos auxiliar o leitor a contextualizar a questão, sem interferir em sua leitura, e deixar que ele mesmo vá ao texto e colha os frutos deste pensamento.

O tema da liberdade humana foi tratado dentro da literatura e filosofia gregas, a partir do dualismo: *acaso* e *destino*. Para uns, as ações ou seriam casuísticas, isto é, sem qualquer relação com a autonomia e controle das ações, portanto sem livre escolha e intencionalidade, ou seriam por necessidade, na medida em que por sua natureza o homem estaria destinado a tomar determinadas decisões, das quais não poderia escapar.

---

1. Sobre a data da sua composição e acerca do seu conteúdo doutrinal, assim se expressou Torrell: "As questões disputadas *De veritate* datam dos três anos do primeiro período de ensino magistral de Tomás em Paris, de 1256 a 1259... Podemos aí perceber dois grandes blocos: a verdade e o conhecimento (qq. 1-20), o bem e o apetite pelo bem (qq. 21-29)", p. 389-90. Cfr. TORRELL, J. P., O.P. *Iniciação a Santo Tomás de Aquino. Sua pessoa e sua obra.* Trad. Luiz Paulo Rouanet. São Paulo: Edições Loyola, 1999.

Ser livre, nesse aspecto, é cooperar com o destino que comunica seu impulso necessário, como em Homero e Heráclito.[2] Para outros, as ações seriam livres, na medida em que procedessem de uma potência autônoma e com liberdade e controle das escolhas, como em Sócrates, Platão e Aristóteles.[3]

O legado filosófico platônico, retomado por pensadores que beberam da fonte do Cristianismo, foi redimensionado para não ser apenas definida a liberdade como um *poder*, baseado na razão e na vontade, de agir ou não agir, de fazer isto ou aquilo, de praticar segundo seu livre-arbítrio, mas, sobretudo, como um *dom* de Deus dado ao homem para que ele possa fazer o bem, evitar o mal e alcançar mediante suas livres escolhas o Bem úl-

---

2. A literatura grega homérica refere-se à questão: *Ilíada*, VI, v. 488. Dentre os filósofos pré-socráticos, destaca-se Heráclito que afirma ser o destino a condição da qual o homem não pode fugir: BERGE, D. *O Logos Heraclítico*. Introdução ao estudo dos fragmentos. Rio de Janeiro: Instituto Nacional do Livro, 1969, p. 285: "105. Homero foi astrólogo, (conclui Heráclito do verso <da Ilíada XVIII 251>, que Heitor e seu amigo <Polidamente> 'nasceram na mesma noite'... 'Jamais, penso eu, homem algum fugiu seu destino' <Ilíada VI 488>)". Muito bem descreveu Spinelli esta questão: "a perpetuidade do processo", na medida em que aquilo, enquanto *physis*, faz que algo venha a ser o que necessariamente deve ser [SPINELLI, M. *Filósofos Pré-Socráticos*. Primeiros mestres da Filosofia e da Ciência Grega. Porto Alegre: EDIPUCRS, 1998, p. 192]. Sob esta concepção estruturou-se o *determinismo estoico*, na medida em que a liberdade concilia-se com a necessidade, pois o destino impulsionaria à ação e a liberdade consistiria em aceitar o fim para o qual se inclina necessariamente, podendo haver apenas certos "ajustes casuais", quanto aos meios.

3. Em Sócrates a ideia de liberdade não foi relacionada à questão do *devir da natureza universal* ou do *devir da natureza de algo particular*, mas do *devir da natureza do homem e da sua ação virtuosa*, subordinada à autonomia da alma humana: MONDOLFO, R. *Sócrates*. 3. ed. Tradução de Lycurgo Gomes da Motta. São Paulo: Mestre Jou, 1972, p. 81-95; YARZA, I. *Historia de la Filosofia Antigua*. Cuarta Edición ampliada. Pamplona: Eunsa, 2000, p. 74. Platão e Aristóteles consideram, no contexto político-moral, a liberdade (*eleutheria*) como autonomia e autocontrole em relação às ações, e que deve se realizar na prática das virtudes. Sobre isto vejam: STALLEY, R. F. "Plato's Doctrine of Freedom", *Proceedings of the Aristotelian Society*, New Series, 98 (1998), p. 145-58; HANSEN, M. H. "Democratic Freedom and the Concept of Freedom in Plato and Aristotle", *Greek, Roman, and Byzantine Studies*, 50 (2010) 1-27.

timo, que saciaria toda a vontade. Como a liberdade, por sua natureza, não pode alcançar este Bem, o homem também recebe outro auxílio divino, para que, fortalecida a natureza da liberdade, possa ela vir a lograr alcançar o seu bem mais perfeito. Este auxílio é a *graça*.

Nos primeiros séculos do encontro da razão com a fé, o tema da liberdade foi tratado, considerado em si mesmo e relacionado à graça. De um modo geral, esta relação se estabelece na medida em que se concebe a graça como aquilo que reveste a natureza e a liberdade que dela emana como uma potência, como força que a redireciona ao bem e a impulsiona para uma livre escolha, mesmo que acometida por inúmeras circunstâncias opostas à escolha do bem devido, como a ignorância, as paixões descontroladas e os vícios, o que poderiam levá-la, em seu ato de escolha, à impossibilidade de um reto e livre-arbítrio na consecução deste Bem último e, inclusive, do próprio bem da sua natureza.

Entre estes pensadores, que, nos primórdios do encontro da razão com a fé cristã, propuseram esta leitura inspirada na filosofia platônica e na Sagrada Escritura, está Agostinho de Hipona, que entende o livre-arbítrio como um bem em si mesmo, e o mal como mal uso e deficiência do livre-arbítrio.[4]

1. Breve explicação do método das Questões Disputadas

O que são as Questões Disputadas? Durante a Escolástica, sobremaneira nas universidades do século XIII, os professores, para o desempenho de suas atividades acadêmicas, compunham, mediante exaustivas pesquisas, suas obras para serem lidas e analisadas em suas aulas, no exercício da docência.

4. AGOSTINHO DE HIPONA, *O Livre-Arbítrio*, Livro II, Terceira Parte, cap. 18 e 20. São Paulo: Paulus, 1995.

Para compô-las os professores utilizavam diferentes métodos: comentar, expor, reunir sentenças, fazer sumas etc., cada qual com uma finalidade própria, mas todas para atender as duas formas mais usuais de ensino: a *lectio*, que consistia na leitura e comentário de um texto; e a *disputatio*, que consistia na disputa de uma *quaestio*[5].

Uma *quaestio* pode estar relacionada a muitas outras questões, derivadas dela. Este é o caso da questão sobre a Verdade, que leva consigo muitas outras questões relativas ao tema. Por esta razão, o tema sobre a verdade – *De veritate* – reúne sobre si muitas questões – *Quaestiones* – que ao longo da exposição do tema serão examinadas ou disputadas – *Disputatae* – com muitos argumentos que se possam aduzir *pro* (pró) e *contra*, seguida de uma proposta de solução. Esta é a explicação para o nome desta obra: *Quaestiones disputatae De veritate*, em cuja questão 24, estruturada em 15 artigos, em que cada artigo reúne argumentos *pro* e *contra*, disputa a questão sobre o livre-arbítrio.

Cada título de artigo da questão em jogo era proposto em forma de pergunta, por exemplo: *Existe o livre-arbítrio no homem?* Seguia-se, à pergunta, uma proposta de resposta contrária ao que se queria demonstrar, ou seja, uma resposta do tipo: *Parece que não.*

Propunham isso para dar lugar primeiro aos argumentos contrários à pergunta, e tais argumentos contrários eram denominados de objeções. Antes de proporem uma solução à pergunta feita, eram sugeridos alguns poucos argumentos contrários às objeções e a favor de uma resposta afirmativa à pergunta que intitula o artigo. Logo depois, propunha-se uma resposta, às vezes breve, outras vezes longa, que afirmava a pergunta. E, por fim, respondia-se a cada uma das objeções.

5. ABBAGNANO, N. *História da Filosofia*. v. 3. Lisboa: Editorial Presença, 1999. p. 9.

Os argumentos *pro* e *contra* que constituíam um artigo eram estruturados silogisticamente, a partir de um raciocínio aparentemente verdadeiro que era retirado da obra de alguma autoridade, fosse filosófica, teológica, ou mesmo da Bíblia. Em geral, eram silogismos compostos por três premissas: a maior, a menor e a conclusão. Em cada argumento, no geral, era citada a fonte, exceto se fosse de conhecimento comum. Mas, ainda assim, era comum citar a fonte mesmo se ela fosse bem conhecida.

2. Exposição resumida dos artigos da questão sobre o livre-arbítrio

Há livre-arbítrio no homem? Neste primeiro artigo, a maioria dos argumentos *contra* sustenta que não há livre-arbítrio, porque o homem age pelo ímpeto da sua natureza, ou seja, por *necessidade*.

Os argumentos *pro*, apresentados na solução, afirmam haver livre-arbítrio, porque o homem é capaz de *não agir por necessidade*, pois além da sua vontade não ser imutável, ele tem o poder de tomar livremente as suas próprias decisões com atos, sejam eles bons ou maus, relativos ou não à observância dos preceitos divinos ou humanos, pelos quais são punidos ou premiados.

Conclui seu raciocínio, dizendo que o homem nem imediata nem necessariamente age por uma força interna, por qualquer impulso passional da alma, como pela ira, ou externa, movido por Deus, mas age segundo o seu livre-arbítrio, com o qual tem a capacidade de decidir agir ou não agir, fazer ou não fazer algo, embora este poder não seja absoluto, mas relativo às ações humanas em relação àquilo acerca do qual pode ou não decidir e na medida em que seu arbítrio segue os princípios da sua própria natureza.

Há livre-arbítrio nos animais irracionais? Neste segundo artigo, basicamente, os argumentos *pro* giram em torno de considerar o *instinto* animal – termo que Tomás usa em relação à razão, mas que pode ser tomado analogicamente para o que ele explica acerca da ação dos animais irracionais – como aquilo que corresponde ao livre-arbítrio no homem.

Contra esses argumentos, sustenta que isto que o inclina a fazer ou não fazer algo é segundo determinada impulsão natural inscrita na natureza do animal irracional, contra a qual ele não pode agir, mesmo se sobreposto à violência, como ao chicote, no caso dos leões, que só mudam de atitude por ação instintiva de evitar a dor.

Propõe a solução dizendo que o livre-arbítrio humano depende do conhecimento dado pela razão, da inclinação ao bem dado pela vontade, e das paixões que movem a alma, ademais de certas circunstâncias que permeiam a ação humana e de outros elementos, como a graça, por cuja ação pode ser que alguém prefira livremente morrer sendo chicoteado a negar algum princípio que tenha livremente escolhido e aceito como motor de sua vida. Mas isso os animais não podem fazer.

No entanto, podem fazer o que por natureza está adequadamente disposto a realizar, quando movido ou impelido por alguma paixão, que o move ante o que ouve, vê e sente, de um modo geral.

Há livre-arbítrio em Deus? Neste terceiro artigo, os argumentos *contra* se pautam na via negativa, que consiste em negar haver em Deus aquilo que sustenta a afirmação do livre-arbítrio no homem, a saber, que em Deus não há razão, porque Ele não conhece discursivamente, nem possui uma vontade mutável, pela qual poderia escolher entre o bem e o mal, do que se seguiria não poder afirmar haver livre-arbítrio em Deus.

Se o homem é criado à imagem e semelhança de Deus e se há livre-arbítrio no homem, por maior força de razão haverá em Deus, mas não uma liberdade como a humana, contingente e relativa, senão uma necessária e absoluta.

Então os argumentos *pro*, descritos na solução, apontam para a tese de que Deus não criou o mundo por necessidade, mas livremente, sendo livre para escolher ou não tudo mais que d'Ele proceda e que não seja necessário em si mesmo.

Em síntese, Deus possui a suma liberdade e o perfeito livre-arbítrio, sem que necessariamente suas escolhas indiquem haver n'Ele uma mutabilidade da vontade, pois o seu livre-arbítrio não exclui a imutabilidade da sua vontade, mas antes a confirma, sem eliminar o poder de decidir sobre que ação tomar.

De fato, se o homem pode, por seu livre-arbítrio, com uma vontade mutável, escolher agir ou não agir, por maior força de razão também pode Deus, com sua vontade perfeita e imutável, uma vez que as suas escolhas não mudam sua vontade, senão que revelam para nós a retidão em suas escolhas, nem sempre entendidas devido a nossa limitação cognitiva, volitiva e, sobretudo, por falta de fé.

O livre-arbítrio é uma potência? Neste quarto artigo, os argumentos *contra* tendem a afirmar que o livre-arbítrio é um ato ou um hábito, mas não uma potência. Em sua solução, apresenta os artigos *pro* que afirmam ser o livre-arbítrio uma capacidade, um poder de julgar livremente, portanto, uma potência; e apenas o seu término é um ato.

Não é também um hábito, pois o hábito é um exercício de um princípio, que está em potência de chegar ao seu ato. Mas o livre-arbítrio pode escolher ou não escolher; se fosse um hábito se inclinaria sempre, por seu princípio, a chegar à perfeição própria do ato que é seu término.

Desde esta perspectiva, o livre-arbítrio possibilita à pessoa realizar livremente o que está no seu poder de fazer, ou mesmo de não fazer o que está sob o seu poder de fazer. O livre-arbítrio é uma potência que visa como fim aperfeiçoar a vontade; mas, quando fraquejada pelas paixões, a alma racional, o livre-

-arbítrio que é uma faculdade boa em si mesma, não se realiza plenamente, pois como potência que é não chega ao seu fim próprio que é um ato, fruto de um livre-arbítrio.

O livre-arbítrio é uma ou muitas potências? Neste quinto artigo, os argumentos *contra* sustentam que o livre-arbítrio são muitas potências, tomando como base o fato de ela emanar de duas potências: razão e vontade.

Em uma analítica solução, são propostos os argumentos *pro*, que reafirmam que o livre-arbítrio é uma única potência e não muitas; se assim fosse, poderia haver ao mesmo tempo escolhas contraditórias entre si, o que é impossível, pois a eleição, a escolha, que é igualmente um ato único, imediatamente exclui o seu contrário como, por exemplo, ao escolher a cor negra, exclui-se a branca.

Em síntese, o livre-arbítrio é uma potência única, que emana do ato de duas potências que atuam em conjunto, correlacionadas entre si e que existem na alma racional; uma é proeminente sobre a outra, ou seja, o ato que emana da razão – o juízo – é precedente ao ato que emana da vontade – o apetite – de tal maneira que procede imediatamente da razão e mediatamente da vontade, permanecendo o que é potência do ato anterior na potência do ato posterior.

O livre-arbítrio é a vontade? Neste sexto artigo, os argumentos *contra* apontam para a tese de que o livre-arbítrio não é a vontade. Na solução são apresentados os argumentos *pro*, onde se sustenta que embora o livre-arbítrio seja uma potência que emana da razão e da vontade, ele se realiza pelo arbítrio da razão na livre eleição pela vontade.

Por este motivo, é correto dizer que, quanto ao ato, o livre-arbítrio é a vontade porque se realiza mais como ato da vontade do que da razão, embora o ato da razão esteja inerente pelo ato livre-arbítrio que por último realiza-se na vontade.

De fato, entender não traz em si inerentemente uma eleição, mas querer implica implicitamente uma eleição. E isso parece demonstrar que justamente porque eleger e querer estão mais próximos do que entender e eleger. Por este mesmo motivo, nada impede poder dizer que o livre-arbítrio relativa e não absolutamente é a vontade. Além disso, eleger e querer, embora distintos, se relacionam com a mesma potência que é a vontade.

Há algum livre-arbítrio naturalmente confirmado no bem? Neste sétimo artigo, os argumentos *contra* sustentam que não há, pois, no caso do homem, sua alma racional pode querer o bem, mas fazer o mal. Isto ocorre porque o livre-arbítrio, em relação à eleição por certo objeto, que atrai a vontade, pode não ser o fim que lhe indica a razão, nem mesmo o verdadeiro bem querido pela vontade.

Portanto, o livre-arbítrio não é algo que não atua sob diversas potências, senão que atua não somente em relação ao objeto que a razão indica; nem só com o que atraia o querer da vontade, mas também segundo a atuação do princípio da *sindérese*.

A *sindérese* é o princípio prático da razão que orienta a vontade a querer o bem e a evitar o mal, mas que sob o impulso da *sensualidade*, que a inclina para a consecução de certo prazer, com aparência de bem, pode eleger algo mal. Neste sentido, o livre-arbítrio do homem não está naturalmente confirmado na eleição do bem.

E há que se dizer que nem mesmo o anjo, naturalmente, antes de cair, se estivesse necessariamente impossibilitado de eleger o mal, não o teria feito. Logo, nenhuma criatura espiritual foi criada confirmada absolutamente no bem, senão que tal confirmação depende da sua livre eleição do bem.

A graça pode confirmar o livre-arbítrio no bem? Neste oitavo artigo, os argumentos *contra* apontam para a tese de que a própria natureza pode alcançar e confirmar-se no bem. De fato, a natureza inclina-se para seu próprio bem, mas pode, em razão das fraquezas das quais pode ser refém, apenas eleger algo meramente com aparência de bem.

Deste modo, o livre-arbítrio, apenas pela natureza da qual emana como uma potência, não pode se autoconfirmar no bem. Ademais, o fato de a natureza ser boa, não a exclui da eleição de algo mal, em razão do estado da vida presente da sua alma, que, mesmo liberta da mancha original do pecado, leva em si a pena da sensualidade e as afeições pessoais às coisas que podem levá-la a eleger um bem menor ou mesmo um mal maior.

Então, poder-se-ia pensar que a eleição seria sempre ao acaso e nada poderia haver que agraciasse a alma a inclinar-se a eleger o bem ao invés do mal. Contudo, isso não procede, porque mesmo sem ser algo dado pela natureza, como se existisse inserida nela, a alma racional do homem pode receber algo divino, dado de graça para que ele, homem, ao aceitar e recebê-la, possa atuar com maior retidão espiritual na eleição do bem.

Deste modo, embora por si mesmo o livre-arbítrio não possa ser confirmado no bem, ele pode receber auxílio divino, a saber, a graça, pela qual o livre-arbítrio pode ser confirmado no bem, senão não poderíamos crer na santidade de homens que, como nós, com as mesmas fraquezas nas escolhas, fossem confirmados no bem.

E isso ocorre com a graça que atua sobre a natureza, mesmo que ela seja fraca, pois basta o assentimento do homem e a ação de colocar os princípios da sua natureza em prática, para que a graça se torne eficiente quanto ao fim para o qual o livre-arbítrio existe e para o qual a graça foi dada.

Na vida presente o livre-arbítrio pode ser confirmado no bem? Neste nono artigo, os argumentos *contra* sustentam que não. Mas, na solução, os argumentos *pro* são articulados para a possibilidade da afirmação.

Assim procede resumidamente a solução: ora, se apenas quando suposta a ação da graça sobre a natureza, o livre-arbítrio pode ser confirmado no bem, devemos perguntar se no estado da vida presente, em que sempre há mudanças em nossos desejos e afeições, ao aceitar a graça recebida e atuar segundo a mesma, o livre-arbítrio não mais elegerá o mal? Podemos dizer que, sem a graça, jamais, mas com a graça sim; embora há que distinguir os modos como a graça permanece em nós durante esta vida.

A graça pode permanecer em nós com algo do nosso esforço, na medida em que buscamos mantê-la; mas também pode permanecer em nós, orientando o livre-arbítrio, por força da misericórdia e providência divinas, de tal maneira que, além da natureza da pessoa orientar-se não sem esforço para fazer o bem, tanto mais se fortalece na busca da eleição do bem, quanto mais se fortalece no afastamento da eleição do mal, isso ocorre numa ação conjunta em que a graça supõe o exercício reto da natureza.

E Deus, não indiferente a isso, pode efetivamente manter ainda no estado da vida atual o livre-arbítrio voltado totalmente para o bem, e isso em razão da misericórdia e providência divinas.

O livre-arbítrio pode estar obstinado ou confirmado no mal? Neste décimo artigo, em que se analisa o contrário do artigo anterior, os argumentos *contra* afirmam que não, com base no argumento da misericórdia e da providência divinas. Na solução, em que são propostos os argumentos para responder à pergunta, propõe-se uma análise detalhada dos casos.

Para tanto, distingue-se o caso do homem e do demônio, que são criaturas espirituais que possuem livre-arbítrio. Contudo, o demônio está confirmado no mal, mas não o homem no estado da vida presente, exceto se permanecer por malícia no uso do livre-arbítrio até a sua morte, contraindo então o ato de eleição obstinado e confirmado no mal, no último ato da vontade nesta vida, levando esta mesma obstinação e confirmação no mal para depois desta vida.

Quanto aos demônios, explica-se que o livre-arbítrio obstinou-se no mal de tal maneira que não tem como voltar a querer o bem. E como a obstinação do demônio contrai a sua natureza imutavelmente ao que ele quer, não se aplica a ele a conversão pela penitência, pois peca por malícia e não há como penitenciar-se para voltar a querer o bem.

Mas no caso do homem, enquanto vive a vida presente, a graça de Deus atua conjuntamente com a natureza humana, no intuito de fazê-lo reparar o mal e a querer continuamente o bem, razão pela qual Deus pode mantê-lo, segundo a sua misericórdia e providência, na graça e voltado o seu livre-arbítrio para o bem.

Mas neste caso, o contrário também é verdadeiro, ou seja, a contínua reincidência na negação da graça e a contínua confirmação no mal, mediante atos de malícia, pode fazer que o homem se afaste de Deus por sua livre escolha e faça que Deus, que é sumamente livre e justo, não mais lhe conceda a graça, por justiça, já que a graça é um dom divino dado gratuitamente e constitui em si um bem que torna eficaz o bem da natureza do homem que o busca.

Ora, se ele se afasta de Deus e não busca o bem universal da sua natureza, mas busca os bens particulares que o atraem e aos quais por hábito no uso do prazer se acostumou, e que pouco a pouco pervertem a sua natureza e a endurecem no mal, obviamente, ele não estará mais aberto à graça divina, ato pelo qual, no final da vida presente, o livre-arbítrio do homem obstina-se no mal imutavelmente.

Deste modo, o livre-arbítrio pode permanecer obstinado e imutavelmente no mal de modo contínuo, perpétuo, quando no fim do estado da vida presente, se o homem não se voltar para a graça de Deus e, buscando querer e fazer o bem, penitenciar-se do mal que fez, ou faz, ou do que possa vir a fazer.

O livre-arbítrio do homem na vida presente pode obstinar-se no mal? Neste décimo primeiro artigo, retoma parte do tema do artigo anterior, detalhando-o ainda mais. Os argumentos *pro* afirmam que, enquanto vivem, os homens podem obstinar-se no mal.

A tese proposta na solução traz argumentos *contra*, pois, com base no que foi dito no artigo anterior, o homem, no estado da vida presente, de nenhuma maneira pode ser confirmado no mal por seu livre-arbítrio, porque no seu livre-arbítrio, ao contrário do livre-arbítrio dos demônios, não há uma absoluta obstinação, pois um único ato ou muitos não necessariamente contraem imutavelmente a sua natureza ao mal, de tal maneira que seja de um modo absoluto, embora possa retrair-se de um modo relativo.

Assim, pois, há no estado da vida presente uma obstinação relativa e imperfeita, a saber, o livre-arbítrio não se confirma de modo absoluto e perfeito no mal, uma vez que isto apenas ocorre quando a alma se encontra separada do corpo.

O livre-arbítrio sem a graça e em pecado mortal pode evitar o pecado? Neste décimo segundo artigo, os argumentos *pro* sustentam que neste estado se pode evitar o pecado mortal. Mas na solução são levantados os argumentos *contra*.

Ora, é a graça que fortalece a constância da reta eleição, de tal modo que o livre-arbítrio em si mesmo, ainda que possa por certa força evitar o pecado mortal, sem a graça, sua ação se torna mais difícil, em razão da disposição contrária e, em certos casos, torna-se impossível que apenas o livre-arbítrio não escolha o pecado, dado que a graça, de certo modo, facilita e fortalece o livre-arbítrio a evitar o pecado mortal.

De fato, o homem sem a graça operante junto ao livre-arbítrio não pode permanecer por muito tempo sem pecar e, assim, explica o Aquinate dizendo: essa disposição não se remove a não ser pela graça, pela qual só se realiza que a mente humana se adira ao bem imutável como ao fim pela caridade.

Logo, fica claro, assim, que não removemos o livre-arbítrio quando dizemos que ele pode evitar ou cometer singularmente qualquer pecado, nem tampouco removemos a necessidade da graça, quando dizemos que o homem não pode evitar todos os pecados veniais, ainda que possa evitar alguns, mesmo tendo a graça, antes de que a graça seja aperfeiçoada no estado de glória.

E isso por causa da inclinação à corrupção. E como dizemos que o homem que está no pecado mortal, privado da graça, não pode evitar todos os pecados mortais a não ser que se lhe sobrevenha a graça, ainda que possa evitar alguns, e isso por causa da adesão habitual da vontade ao fim desordenado.

O livre-arbítrio com a graça pode evitar o pecado mortal? Neste décimo terceiro artigo, os argumentos *pro* sustentam que com a graça alguém por seu livre-arbítrio em estado de graça pode evitar o pecado mortal. No entanto, na solução, são apresentados alguns argumentos *contra*, pois segundo o que foi dito antes, pode-se dizer que a graça fortalece o livre-arbítrio a evitar o pecado mortal.

Mas há de saber que isso não ocorre de um modo absoluto, mas apenas relativamente, porque a graça fortalece a vontade em seu livre-arbítrio a evitar o mal e a fazer o bem, mas o arbítrio é livre, pois se ocorresse de um modo absoluto, quem estivesse de pé na graça não cairia nunca pelo mau uso do seu livre-arbítrio; porém, sabemos que a graça supõe a natureza e o livre-arbítrio, e mesmo em estado de graça, não é impecável, pois isso, como diz o Aquinate, não está sob o poder do livre-arbítrio de não pecar e nem ele pode ser a causa da sua perseverança, porque o livre-arbítrio tem a necessidade de, sempre de novo, pedir a perseverança a Deus.

O livre-arbítrio pode conduzir-se ao bem sem a graça? Neste décimo quarto artigo, ao contrário do anterior, a questão é a de saber se o livre-arbítrio sem a graça poderia dirigir-se para o bem, uma vez que acima vimos que com a graça não necessariamente persevera no bem. Os argumentos apresentados na solução apresenta uma análise em que se distingue bem relativo e absoluto, razão pelo qual em parte concede aos argumentos *pro* e *contra* apresentados nas objeções.

Assim, pois, pode-se dizer que o homem pode fazer algum bem pelo livre-arbítrio que lhe seja proporcionado, a saber, algo próprio da sua natureza, como eleger conhecer a verdade, ou fazer boas coisas da ordem prática, como construir uma casa, plantar a semente para colher bons frutos etc., mesmo que sua intenção de conhecê-la não seja para o fim de uma escolha boa, como mentir ou vender caro os frutos colhidos.

Contudo, o bem que transcende à natureza do livre-arbítrio e mesmo às forças da natureza da alma racional, o bem difícil de conseguir, o homem, só pelo livre-arbítrio, não o pode fazer; e é justamente com o auxílio da graça que ele se torna capaz de alcançar e que o permite ser forte e constante para fazer, pois com a graça o homem torna-se forte para buscar fazer aquele bem que é muito difícil de alcançar e que muito o atrai, e forte para evitar o mal que é muito fácil de eleger e que muito o atrai.

Todavia, tomado de um modo geral e segundo a tese de que o homem é criatura de Deus, nenhum bem que o homem escolha por seu livre-arbítrio é independente de Deus. Portanto, apenas relativamente, ao que lhe é apenas natural, o homem pode pelo seu livre-arbítrio eleger algum bem, pois de modo absoluto não há nenhum bem que o homem possa eleger mediante seu livre-arbítrio que não dependa de Deus, enquanto d'Ele emana a fonte de todo o bem que o homem possa fazer.

O homem sem a graça pode preparar-se para ter a graça? Neste décimo quinto artigo, os argumentos *pro* sustentam que o homem por si mesmo pode preparar-se para receber e ter a graça. Contudo, a solução apresenta argumentos *contra* ao dizer que a graça é a chave motora do bom funcionamento da potência do livre-arbítrio. Por isso, o homem sem a graça santificante está impotente para alcançá-la por seus próprios esforços e eleições para agir em estado de graça.

Cabe ressaltar que há as graças que são dadas ao homem sem o mérito do homem, como as graças dadas de graça; mas a graça santificante é dada ao homem e atua no e com o homem, segundo o mérito da sua disponibilidade e docilidade a receber e manter-se na graça. De qualquer maneira há de saber, conforme Tomás, que: "todas as coisas são providencialmente dadas ao homem pela misericórdia divina; e assim, pela misericórdia divina, acontece que o homem se prepara para a graça".[6] Enfim, o homem não pode preparar-se para querer a graça a não ser que Deus opere nele.

3. Conclusão

Podemos concluir dizendo que, do que vimos acima, de fato, o homem é entre o gênero animal a única espécie que age livremente, inclusive contra as paixões e mesmo contra os instintos, pois, às vezes, não dorme quando sente sono, acorda com sono, come sem fome etc.

Mas os animais seguem o protocolo da sua natureza e agem sempre de acordo com a sua natureza, do mesmo modo; as suas ações, quando mudam, não acontecem livremente, mas instintivamente ou pela violência da paixão que o toca, como a dor da chicotada no leão que o faz retrair.

6. TOMÁS DE AQUINO, *De veritate*, q. 24, a. 15, sol.

Por isso, a abelha faz o mel como sempre o fez, a aranha tece a teia como sempre a fez, e o leão não come sem fome, nem faz vigília se estiver alimentado, apenas, descansa. E ainda mais, o homem por seu livre-arbítrio pode eleger bens que transcendem ao seu poder natural, com o auxílio divino da graça, que é um bem que soergue a natureza caída pela fraqueza que lhe foi inserida como pena, como a sensualidade.

Mesmo sendo um bem em si mesma, a faculdade da liberdade, por sua potência de arbitrar livremente e cuja eleição culmina num ato, depende do auxílio de Deus tanto para os bens que tangem a sua natureza corpórea, como para os bens que a transcendem e aperfeiçoam a alma espiritual, razão pela qual existe o livre-arbítrio no homem.

Paulo Faitanin e
Bernardo Veiga

Questão 24*

O livre-arbítrio

*. Tradução baseada no texto Taurino *Quaestiones disputatae De Veritate, q. 24*, editado em 1953, transferido automaticamente por Roberto Busa, S.J. em fitas magnéticas, e de novo revisto e ordenado por Enrique Alarcón. Disponível em: www.corpusthomisticum.org.

Proêmio

E, primeiro, pergunta-se se há livre-arbítrio no homem.

Segundo, se o livre-arbítrio existe nos animais irracionais.

Terceiro, se o livre-arbítrio existe em Deus.

Quarto, se o livre-arbítrio é uma potência ou não.

Quinto, se o livre-arbítrio é uma potência ou muitas.

Sexto, se o livre-arbítrio é a vontade ou uma outra potência distinta da vontade.

Sétimo, se pode existir alguma criatura que tenha o livre-arbítrio naturalmente confirmado no bem.

Oitavo, se o livre-arbítrio da criatura pode ser confirmado no bem por algum dom da graça.

Nono, se o livre-arbítrio do homem, no estado da vida presente, pode ser confirmado no bem.

Décimo, se o livre-arbítrio da criatura pode estar obstinado no mal, ou firmado imutavelmente.

Décimo primeiro, se o livre-arbítrio do homem, no estado da vida presente, pode estar obstinado no mal.

Décimo segundo, se o livre-arbítrio, sem a graça, no estado de pecado mortal, pode evitar o pecado mortal.

Décimo terceiro, se alguém, estando na graça, pode evitar o pecado mortal.

Décimo quarto, se o livre-arbítrio pode dirigir-se ao bem, sem a graça.

Décimo quinto, se o homem, sem a graça, pode preparar-se para ter a graça.

Artigo 1

E, primeiro, pergunta-se se há livre-arbítrio no homem[1]

E parece que não.

1. Outros lugares: *CG*, III, c. 3; *In I Ethic.*, lect. 1; *De Div. Nom.*, c. 4, lect. 3 e 9.

Argumentos[2]

1. Com efeito, como se diz em Jr 10,23: *não pertence ao homem o seu caminho; que não é dado ao homem que caminha dirigir os seus passos*. Ora, segundo isto, diz-se de alguém que tem livre-arbítrio, quem é senhor das suas ações. Logo, o homem não tem livre-arbítrio.

2. Ora, poder-se-ia dizer que a palavra do profeta se entende dos atos meritórios, que não estão no poder natural do homem. – Mas, ao contrário, em relação a essas coisas que não estão em nosso poder, não temos livre-arbítrio. Logo, se os méritos não estão em nosso poder, não temos livre-arbítrio para merecer, e assim, os atos meritórios não procedem do livre-arbítrio.

2. Na edição reproduzida por Enrique Alarcón (Taurini), não há esta divisão que ora propomos: *Argumenta*. O intuito é orientar o leitor quanto à dinâmica da argumentação da exposição do Aquinate. De igual modo, não há notas de rodapé na referida edição latina.

3. Além do mais, segundo o Filósofo no livro I da *Metafísica*:[3] *livre é o que é causa de si*. Ora, a mente humana tem outra causa do seu movimento além dela mesma, a saber, Deus: porque se diz em Rm 1,26, sobre isso: *por isso Deus os entregou;* a Glosa[4] diz: *é manifesto que Deus opera nas mentes dos homens para converter suas vontades ao que Ele quer*. Logo, a mente humana não tem livre-arbítrio.

4. Mas, se poderia dizer que a mente humana é como a causa principal do seu ato, mas Deus é como a causa remota; e isso não impede a liberdade da mente. – Mas, ao contrário, quanto mais uma causa influi no efeito, mais ela é principal. Ora, a causa primeira influi mais no efeito do que a causa segunda, como se diz no livro *Sobre as causas*.[5] Logo, a causa primeira é mais principal do que a segunda. E, assim, a nossa mente não é a causa principal do seu ato, mas Deus.

5. Além do mais, tudo que move é como instrumento, como é claro pelo Comentador no livro VIII da *Física*.[6] Ora, o instrumento não é livre para agir, pois não age a não ser conforme alguém que se utiliza dele. Logo, como a mente humana não opera a não ser movida por Deus, parece que não há livre-arbítrio.

6. Além do mais, diz-se que o livre-arbítrio é a faculdade da vontade e da razão, porque, assistindo a graça, elege-se o bem, ou, faltando a graça, o mal.[7] Ora, há muitos que não têm a gra-

---

3. ARISTÓTELES, *Metaphysica*, I, c. 3, 982b25. [*Metafísica*, obra disponível em *Clássicos Edipro*. (N.E.)]
4. Glosa de Pedro Lombardo (PL 191, 1332a). Tomado de AGOSTINHO, *De gratia et libero arbítrio*, cap. 21 (PL 44, 909).
5. *Liber De causis*, prop. 1.
6. AVERRÓIS, *Physica*, l. VIII, comm. 35 (IV, 374 B).
7. PEDRO LOMBARDO, *Liber Sententiarum*, III, d. 24, c. 3.

ça. Logo, não podem eleger livremente o bem; e, assim, não têm livre-arbítrio para os bens.

7. Além do mais, a escravidão se opõe à liberdade. Ora, no homem se encontra a escravidão do pecado, pois *quem comete o pecado é escravo*, como se diz em Jo 8,34. Logo, não há livre-arbítrio no homem.

8. Além do mais, diz Anselmo no livro *Sobre o livre-arbítrio*:[8] *se tivéssemos capacidade de pecar e de não pecar, não necessitaríamos da graça*. Ora, a capacidade de pecar e não pecar é o livre-arbítrio. Logo, como necessitamos da graça, não temos o livre-arbítrio.

9. Além do mais, cada coisa deve ser denominada em relação ao ótimo, como afirma o Filósofo no livro II de *Da alma*.[9] Ora, o ótimo, entre os atos humanos, são os atos meritórios. Portanto, como o homem não tem livre-arbítrio para eles, como se diz em João 15,5: *sem mim nada podeis fazer*, o que se entende dos atos meritórios, parece que não se deve dizer que o homem tem livre-arbítrio.

10. Além do mais, diz Agostinho:[10] *porque o homem não quis abster-se dos pecados quando poderia, foi-lhe infligido não poder quando quisesse*. Logo, não está no poder do homem pecar ou não pecar. E, assim, parece que não é senhor dos seus atos, nem tem livre-arbítrio.

11. Além do mais, Bernardo[11] distingue uma tripla liberdade, a saber: a liberdade do arbítrio, a liberdade do conse-

8. ANSELMO, *De libero arbitrio*, c. 1: PL 158, 489 B.
9. ARISTÓTELES, *De Anima*, II, c. 9, 416b23. [*Da alma*, obra disponível em *Clássicos Edipro*. (N.E.)]
10. AGOSTINHO, *De libero Arbitrio*, III, c. 18: PL 32, 1296.
11. BERNARDO, *De gratia et libero artitrio*, c. 4: PL 182, 1007 C.

lho e a liberdade da complacência. E diz que a liberdade do arbítrio é pela qual discernimos o que é lícito; a liberdade do conselho, pela qual discernimos o que é conveniente; e a liberdade da complacência, pela qual discernimos o que agrada. Ora, o discernimento humano é ferido pela ignorância. Logo, parece que a liberdade do arbítrio, que consiste no discernimento, não permaneceu no homem depois do pecado.

12. Além do mais, o homem não tem liberdade em relação a essas coisas acerca das quais têm necessidade. Ora, em relação aos pecados, o homem tem necessidade, pois depois do pecado, segundo Agostinho,[12] "é necessário que o homem peque, de fato, mortalmente antes da reparação, mas depois da reparação, ao menos venialmente". Logo, o homem não tem livre-arbítrio, em relação ao pecado.

13. Além do mais, é necessário ocorrer aquilo que Deus previu, pois a presciência de Deus não pode falhar. Ora, Deus previu todos os atos humanos. Logo, ocorrem por necessidade; e, assim, o homem não tem livre-arbítrio para agir.

14. Além do mais, quanto mais algum móvel está próximo do primeiro motor, tanto mais uniforme está em seu movimento, como é claro nos corpos celestes, cujo movimento sempre se encontra do mesmo modo. Ora, como toda criatura é movida por Deus – pois move a criatura corporal pelo tempo e lugar, mas as espirituais pelo tempo, como diz Agostinho[13] no livro VIII do *Comentário literal ao Gênesis* –, a criatura racional é o móvel mais próximo de Deus, que é o primeiro motor de todas as coisas. Logo, tem o movimento maximamente uniforme. E, assim, a sua faculdade não se estende a muitas coisas, de modo que, por isto, se possa afirmar o livre-arbítrio.

12. AGOSTINHO, *De Civitate Dei*, XXII, c. 30: PL 41, 802.
13. AGOSTINHO, *Super Genesis ad litteram*, VIII, c. 20: PL 34, 388.

15. Além do mais, segundo o Filósofo no livro II *Sobre o céu e o mundo*,[14] é próprio da nobreza do céu supremo que consiga seu fim com um único movimento. Ora, a alma racional é mais nobre do que aquele céu, pois se prefere o espírito ao corpo, segundo Agostinho no livro VIII da *Cidade de Deus*.[15] Logo, a alma humana tem um único movimento e, assim, não parece ter livre-arbítrio.

16. Além do mais, convém à bondade divina que disponha otimamente a criatura mais sublime. Ora, o otimamente disposto é o que adere imutavelmente ao ótimo. Logo, convém que Deus assim faça na natureza racional, que é a mais sublime entre as criaturas, que Ele se adira a ela imutavelmente: o qual, se assim fizesse, parece que não haveria livre-arbítrio [nela]. Logo, convém que faça a natureza racional sem livre-arbítrio.

17. Além do mais, os filósofos[16] definem que o livre-arbítrio é o juízo da razão, mas o juízo da razão pode ser coagido pela força da demonstração. Ora, o que é coagido não é livre. Logo, o homem não tem livre-arbítrio.

18. Além do mais, o intelecto ou a razão podem ser coagidos por isto, porque há alguma verdade que não se mistura com qualquer falsidade, nem aparência de falsidade, por isso o intelecto não pode escapar daquilo que assente. Ora, de modo semelhante, se encontra algum bem a respeito do qual não há qualquer mistura de malícia, nem segundo a verdade do real, nem segundo a aparência. Logo, como o bem é objeto da vonta-

14. ARISTÓTELES, *De caelo et mundo*, II, c. 18, 292b22. [*Do céu*, obra disponível em *Clássicos Edipro*. (N.E.)]

15. A citação correta de AGOSTINHO pertence a *Super Genesis ad litteram*, VIII, c. 20: PL 34, 388.

16. Cf. PEDRO LOMBARDO, *Liber Sententiarum*, II, d. 25, c. 1; BOÉCIO, *In Librum Aristotelis De Interpretatione*, III, prol: PL 64, 492 D.

de, como o verdadeiro é o do intelecto, parece que assim como o intelecto é coagido, assim também o é a vontade, e, assim, o homem não tem liberdade nem quanto à vontade, nem quanto à razão. E, assim, [o homem] não será livre, que é "a faculdade da vontade e da razão".[17]

19. Além do mais, segundo o Filósofo no livro III da *Ética*[18] "conforme cada um é, tal lhe parece o fim". Ora, não está no nosso poder que sejamos tais ou tais, pois o homem tem isto por nascimento e depende, como pensaram alguns, da disposição das estrelas. Logo, não está em nosso poder que aprovemos este ou aquele fim. Ora, todo juízo acerca das coisas a serem realizadas se toma do fim. Logo, não temos livre-arbítrio.

20. Além do mais, o livre opõe-se à necessidade. Ora, a vontade do homem tem necessidade em relação a alguma coisa, pois por necessidade quer a beatitude. Logo, não há liberdade em relação a todas as coisas e, assim, não há livre-arbítrio quanto a todas as coisas.

Ao contrário

1. É o que se diz em Eclo 15,14: *desde o princípio Ele criou o homem e o abandonou nas mãos de sua própria decisão*. Diz a Glosa, isto é, no poder do livre-arbítrio.

2. Além do mais, nas coisas se encontra algum agente que age do nada e não por necessidade, a saber, Deus. Há, também, algum agente que age por alguém e por necessidade, como os agentes naturais. Ora, postos os extremos na natureza das

17. PEDRO LOMBARDO, *Liber Sententiarum*, II, d. 24, c. 3.
18. ARISTÓTELES, *Ethica Nicomachea*, III, c. 7, 1114a32. [*Ética a Nicômaco*, obra disponível em *Clássicos Edipro*. (N.E.)]

coisas, segue-se que se ponha o meio, segundo o Filósofo no livro II *Sobre o céu e o mundo.*[19] Ora, entre estes dois, não pode haver senão um duplo meio, dos quais um é impossível que exista, a saber, o que opera do nada e por necessidade, pois fazer algo novo que não existia só é próprio de Deus, que não age por necessidade, mas por vontade. Logo, segue-se que há alguém que age por alguém e não por necessidade, e isto é próprio da natureza racional, que age pressuposta a matéria, e não por necessidade, mas pela liberdade do arbítrio.

3. Além do mais, "o livre-arbítrio é a faculdade da vontade e da razão".[20] Ora, no homem se encontram a razão e a vontade. Logo, também, o livre-arbítrio.

4. Além do mais, segundo o Filósofo no livro III da *Ética*,[21] a deliberação não é senão acerca daquelas coisas que estão em nós. Ora, os homens deliberam acerca dos seus atos. Logo, os homens são donos de seus atos, e por isso têm livre-arbítrio.

5. Além do mais, preceitos e proibições não devem ser feitos a não ser do que se pode fazer ou não fazer, pois, de outro modo, seriam em vão. Ora, ao homem são feitos proibições e preceitos divinos. Logo, está no poder do homem fazer e não fazer, e assim tem livre-arbítrio.

6. Além do mais, ninguém deve ser punido ou premiado pelo que não está em seu poder fazer ou não fazer. Ora, o homem é punido e premiado por Deus justamente por suas obras. Logo, o homem pode operar e não operar, e assim, tem livre-arbítrio.

---

19. ARISTÓTELES, *De caelo et mundo*, II, c. 4, 286a28.
20. PEDRO LOMBARDO, *Liber Sententiarum*, II, d. 24, c. 3.
21. ARISTÓTELES, *Ethica Nicomachea*, III, c. 7, 1112a30.

7. Além do mais, de todas as coisas que se fazem, é necessário pôr alguma causa. Ora, dos atos humanos não podemos pôr imediatamente como causa o próprio Deus, porque essas coisas que são feitas imediatamente por Deus não podem ser senão boas. Ora, os atos humanos são, às vezes, bons, outras vezes, maus. De modo semelhante, não se pode dizer que a necessidade seja a causa dos atos humanos, porque, pela necessidade, provêm as coisas que sempre são do mesmo modo, o que não vemos nos atos humanos. De modo semelhante, não se pode dizer que o destino, ou a disposição das estrelas sejam causa deles, porque seria necessário que os atos humanos ocorressem por necessidade, como a causa também é necessária. Nem a natureza também pode ser sua causa, o que mostra a variedade dos atos humanos, pois a natureza está determinada ao uno, e não pode separar-se a não ser em uma parte menor. Nem podem ser a fortuna ou o acaso a causa dos atos humanos, porque a fortuna e o acaso são causas dessas coisas que sucedem de modo raro e sem intenção, como se diz no livro II da *Física*,[22] que não aparece nos atos humanos. Logo, segue-se que o mesmo homem que atua seja princípio dos próprios atos e, por isso, tenha livre-arbítrio.

Respondo

Respondo, dizendo que, sem dúvida alguma, é necessário porque o homem é livre no arbítrio. Com efeito, a fé também obriga a isso, pois sem o livre-arbítrio não pode haver mérito ou demérito, justa pena ou prêmio. Em relação a isso, também se induzem indícios manifestos, pelos quais é claro que o homem elege livremente uma coisa e recusa outra. A isso obriga, também, uma razão evidente, pela qual, seguindo a origem do livre-arbítrio, procedemos certamente na investigação deste modo. Ora, nas coisas que se movem ou realizam algo, encontra-se esta

22. ARISTÓTELES, *Physica*, II, c. 9, 197a32.

diferença: que algumas têm o princípio de seu movimento ou operação em si mesmas, enquanto outras têm fora de si mesmas, como essas que se movem por violência, "nas quais o princípio está fora, e com nenhuma força o passivo contribui", segundo o Filósofo no livro III da *Ética*:[23] nas quais não podemos pôr o livre-arbítrio, porque não são causa de seu movimento. Ora, o livre é "o que é causa de si", segundo o Filósofo no princípio da *Metafísica*.[24]

No entanto, entre essas coisas, nas quais o princípio do movimento e da operação estão em si mesmas, há algumas que se movem a si mesmas, como os animais. Há, porém, outras que não se movem a si mesmas, embora tenham em si mesmas algum princípio do seu movimento, como ocorre com os corpos pesados e leves. De fato, estes corpos não se movem a si mesmos, porque neles não se podem distinguir duas partes, das quais uma é a que move e a outra a movida, como há nos animais, na medida em que o movimento deles segue algum princípio que existe neles mesmos, a saber, a forma. E dado que o animal tem a sua forma, porque a recebe de quem o gera, diz-se que o animal gerado é capaz de mover-se por si mesmo, pela forma que recebe de quem o gera, tal como ensina o Filósofo no livro VIII da *Física*[25]. Contudo, se removida a sua forma, por acidente, o animal fica impedido de mover-se. Por isso, o animal é movido em si mesmo, mas não por si mesmo. Assim, pois, nos minerais e nos animais não há o livre-arbítrio, porque eles não são a causa do agir ou do mover-se por si mesmos, mas são como impelidos a agir ou a mover-se mediante isso que recebem de outro.

Contudo, entre essas coisas que se movem a si mesmas, algumas têm o movimento pelo juízo da razão, enquanto outras pelo juízo natural. Pelo juízo da razão, os homens agem e se mo-

23. ARISTÓTELES, *Ethica Nicomachea*, III, c. 1, 1110a1 e b15.
24. ARISTÓTELES, *Metaphysica*, I, c. 3, 982a25.
25. ARISTÓTELES, *Physica*, VIII, c. 8, 256a1.

vem, pois deliberam sobre as coisas a agir, mas pelo juízo natural agem e se movem todos os animais irracionais.

De fato, isto é claro pelo fato de que todas as coisas que são da mesma espécie operam de modo semelhante, assim como todas as andorinhas fazem o ninho da mesma maneira; também porque têm o juízo determinado a alguma obra e não para todas, como as abelhas que não têm indústria para fazer algum outro trabalho senão favos de mel; e, de modo semelhante, como os outros animais. Por isso, retamente considerado, parece que, pelo modo que se atribuem o movimento e a ação aos corpos inanimados, por esse mesmo modo se atribui aos animais irracionais o juízo sobre o agir; pois, como os corpos graves e leves não se movem por si mesmos, de modo que por isso sejam causa do seu movimento, assim tampouco os animais irracionais julgam do seu juízo, mas seguem o juízo posto neles por Deus. E assim, não são causa do seu arbítrio, nem têm liberdade de arbítrio. Mas o homem, pela virtude da razão, julgando sobre as coisas a agir, pode também julgar enquanto conhece a razão do fim e disso que está para o fim, e a conformidade de um em relação com o outro. E, por isso, não é só causa de si mesmo no mover-se, mas também no juízo; e tem livre-arbítrio como se dissesse livre-arbítrio do juízo em relação ao agir e não agir.

Respostas aos argumentos[26]

1. Ao primeiro, respondo, dizendo que no agir do homem se encontram duas coisas, a saber: a eleição das obras, e essa sempre consiste no poder do homem, e a gestão e a execução das

26. Na edição reproduzida por Enrique Alarcón (Taurini), não há esta divisão que ora propomos: *Responsiones ad argumenta*. Do mesmo modo, quando necessário, inserimos *Responsiones ad sed contra*, quando houver mais de um *sed contra*. O intuito é, conforme dito, orientar o leitor quanto à dinâmica da argumentação da exposição do Aquinate.

obras, e estas nem sempre estão no poder do homem, mas são governadas pela divina Providência, que às vezes conduz o propósito do homem em relação ao fim, outras vezes não. Por isso não se diz que o homem é livre de suas ações, mas que é livre de suas eleições, que é o juízo sobre o agir. E isto demonstra o mesmo nome de libre arbítrio. Ou pode distinguir-se em relação à obra meritória, como se fez nas objeções. Contudo, a primeira resposta é de Gregório de Nazianzo.[27]

2. Respondo, dizendo que a obra meritória não dista da não meritória no que se age, mas na maneira do agir, pois nada há que um homem aja meritoriamente e por caridade que outro não possa agir e querer sem mérito. E, por isso, que o homem não possa realizar ações meritórias sem a graça, nada suprime a perfeição da liberdade, porque o homem se diz ter livre-arbítrio segundo que pode realizar isto ou aquilo, não segundo que pode realizar de um ou outro modo, porque segundo o Filósofo,[28] aquele que ainda não tem o hábito da virtude, não tem em seu poder agir de tal maneira, como age o virtuoso, a não ser enquanto pode adquirir o hábito da virtude. Ora, a graça que torna as obras meritórias, ainda que o homem não a possa adquirir pelo livre-arbítrio, ele pode, porém, preparar-se para ter a graça, se fizer o que está em seu poder, pois ela não será negada por Deus. E, por isso, não está, de modo algum, fora do poder do livre-arbítrio realizar a obra meritória, ainda que para isto o poder do livre-arbítrio não seja suficiente, porque, do modo que se requer para o mérito, excede à faculdade da natureza, mas não no modo que está nas obras das virtudes políticas. Contudo, ninguém diria deste homem que não tem livre-arbítrio, porque não pode, de tal modo, querer ou eleger como Deus ou o anjo.

27. Refere-se a NEMÉSIO, *De natura homini*, c. 37: PG 40, 749 B.
28. ARISTÓTELES, *Ethica Nicomachea*, II, c. 1, 1103b-ss.

3. Respondo, dizendo que Deus opera em cada agente também segundo o modo daquele agente, assim como a causa primeira opera na operação da causa segunda, enquanto a causa segunda não pode em ato proceder ao não ser, por virtude da causa primeira. Por isso, como Deus é causa que opera nos corações dos homens, não se exclui que as mesmas mentes humanas sejam causa de seus movimentos, por isso nada impede a razão da liberdade.

4. Respondo, dizendo que a causa primeira se diz que é principal, falando absolutamente, porque influi mais no efeito. Mas a causa segunda é principal relativamente, enquanto o efeito se conforma mais com ela.

5. Respondo, dizendo que o instrumento se diz de dois modos. De um modo, propriamente, a saber, quando algo é movido de tal modo por outro que não se lhe confere, pelo movente, algum princípio de tal movimento: como a serra que é movida pelo carpinteiro, e tal instrumento é desprovido de liberdade. De outro modo, diz-se mais comumente do instrumento que move sendo movido por outro, estando nele mesmo o princípio do seu movimento, ou não. E, assim, não é necessário que do instrumento se exclua completamente a razão de liberdade, porque algo pode ser movido por outro, ainda que se mova a si mesmo; e assim ocorre com a mente humana.

6. Respondo, dizendo que aquele que não tem a graça pode eleger o bem, mas não meritoriamente. Contudo, isto não suprime a liberdade do arbítrio, como foi dito na solução do argumento 2.

7. Respondo, dizendo que a escravidão do pecado não se diz coação, mas inclinação, enquanto o pecado precedente induz, de algum modo, ao seguinte; ou por defeito da virtude natural, que não pode livrar-se da mancha do pecado a que se submeteu uma vez. E, por isso, sempre permanece no homem a liberdade de coação, pela qual está dotado naturalmente de livre-arbítrio.

8. Respondo, dizendo que Anselmo,[29] naquelas palavras, fala como se estivesse reprovando, pois o mesmo mostra depois que a ausência da graça não contradiz o livre-arbítrio.

9. Respondo, dizendo que o mesmo poder do livre-arbítrio se estende em relação à mesma obra que é meritória, ainda que não sem Deus, sem cuja virtude nada existe no mundo que possa agir. Mas aquele modo pelo qual a obra se faz meritória excede à faculdade natural, como foi dito, no lugar citado.

10. Respondo, dizendo que acerca disso há uma opinião dupla. Com efeito, alguns dizem que o homem, existindo no pecado mortal, não pode evitar durante por um longo tempo que se peque mortalmente. Porém pode evitar este ou aquele pecado mortal, como todos dizem comumente dos pecados veniais. E, assim, não parece que esta necessidade impeça a liberdade de arbítrio. Outra opinião é que o homem, existindo no pecado mortal, pode evitar todo pecado mortal, porém não pode evitar que não esteja sob o pecado, porque não pode restabelecer-se por si mesmo do pecado, como pode por si mesmo cair no pecado. E segundo isso, sustenta-se mais fácil a liberdade de arbítrio. No entanto, disto se investiga mais abaixo, quando será tratada a questão sobre o poder do livre-arbítrio.

11. Respondo, dizendo que nossa vontade se dirige ao fim, ou até aquilo que está para o fim, de modo que em relação

29. ANSELMO, *De libero arbitrio*, c. 3: PL 158, 494 B.

ao fim honesto, ou deleitável, ou útil se distingue um triplo bem: honesto, útil e deleitável. Logo, em relação ao fim honesto, Bernardo põe a liberdade de arbítrio; em relação ao bem útil, que está para o fim, a liberdade de conselho; em relação, porém, ao bem deleitável, a liberdade de complacência. Ora, ainda que o discernimento seja diminuído pela ignorância, não é, porém, tomado totalmente, e, por isso, a liberdade de arbítrio está, de fato, debilitada pelo pecado, mas não totalmente perdida.

12. Respondo, dizendo que o homem tem necessidade de pecar depois do pecado, antes da reparação, isto é, ter pecado, mas não tem a necessidade de usar do pecado, segundo uma opinião. Portanto, assim, pecar se diz de dois modos, como também ver, segundo o Filósofo no livro II de *Da alma.*[30] Ou segundo outra opinião, tem a necessidade de pecar com algum pecado, ainda que, porém, não tenha nenhuma necessidade em relação a algum.

13. Respondo, dizendo que, pela presciência de Deus, não se pode concluir que nossos atos sejam necessários com necessidade absoluta, que se diz necessidade consequente, mas por necessidade condicionada, que se diz necessidade de consequência, como é claro em Boécio, no fim da *Consolação da filosofia.*[31]

14. Respondo, dizendo que mover-se se diz de dois modos. De um modo, propriamente, como o Filósofo define o movimento no livro III da *Física*,[32] dizendo que *o movimento é ato do que existe em potência segundo está em potência*. E assim, é verdade que, quanto mais algo móvel está mais próximo do primeiro motor, tanto maior se encontra a uniformidade do movimento

---

30. ARISTÓTELES, *De anima*, II, c. 10, 417a10.
31. BOÉCIO, *De consolatione philosophiae*, V, pr. 6: PL 63, 861 B.
32. ARISTÓTELES, *Physica*, III, c. 1, 201a10.

nele, porque quanto mais próximo está do primeiro motor, tanto mais perfeito e mais existe em ato e menos em potência e, por isso, é movido pelo movimento de poucos. De outro modo, diz-se movimento no sentido lato, em qualquer operação, como entender ou sentir. E tomando assim o movimento, diz o Filósofo no livro III de *Da alma*[33] que o movimento é ato do perfeito, porque cada coisa opera segundo que está em ato. E assim, de certo modo, a proposição tem verdade, mas, por outro, não.

Com efeito, se a uniformidade do movimento se toma por parte do efeito, tem, assim, falsidade, porque algo que opera é tanto mais virtuoso e perfeito quanto mais sua virtude se estende a mais efeitos. De fato, se se toma quanto ao modo de agir, assim a proposição tem verdade, porque tanto mais perfeito é algo que opera, quanto mais conserva o seu modo de agir, porque menos varia a sua natureza e disposição a qual segue o modo de agir.

No entanto, diz-se que as mentes racionais são móveis, não conforme o primeiro modo de movimento, porque tal movimento é só dos corpos, mas do segundo. Assim, também, Platão[34] estabeleceu que o primeiro motor move a si mesmo, enquanto se quer e se intelige, como diz o Comentador no livro VIII da *Física*.[35] E, por isso, não é necessário que as mentes racionais sejam determinadas a alguns efeitos, mas que tenham eficácia em relação a muitos, por razão da qual lhe compete a liberdade.

15. Respondo, dizendo que nem sempre é necessário que aquele que é mais nobre possa conseguir seu fim com poucos movimentos ou operações, porque, alguma vez, algo consegue o fim mais perfeito com muitas operações, enquanto que outro o pode conseguir com uma única operação, como ali mesmo

33. ARISTÓTELES, *De anima*, III, c. 12, 431a7.
34. PLATÃO, *Fedro*, 245d. [Obra disponível em *Clássicos Edipro*. (N.E.)]
35. AVERRÓIS, *Physica*, VIII, comm. 40 (IV, 380 E-F).

diz o Filósofo.[36] E, deste modo, as mentes racionais são mais perfeitas do que o movimento do mais alto céu, que tem um só movimento, pois conseguem o fim mais perfeito, ainda que com muitas operações.

16. Respondo, dizendo que, ainda que a criatura fosse melhor se aderisse imutavelmente a Deus, porém é boa aquela que pode aderir ou não aderir a Deus. E, assim, é melhor o universo onde se encontra uma e outra criatura, do que só se encontra outra. E esta é a resposta de Agostinho.[37] Ou se pode dizer, segundo Gregório de Nazianzo[38] e Damasceno,[39] que é impossível que alguma criatura tenha vontade imutável para aderir-se a Deus pela própria natureza, porque, como é feita do nada, é flexível. Porém, se alguma criatura aderisse imutavelmente a Deus, não seria por isso privada do livre-arbítrio, porque pode, aderindo-se a Deus, fazer ou não fazer muitas coisas.

17. Respondo, dizendo que o juízo ao qual se atribui liberdade é o juízo da eleição, porém não é o juízo pelo qual o homem sentencia em relação às conclusões nas ciências especulativas, pois a mesma eleição é como certa ciência das coisas previamente deliberadas.

18. Respondo, dizendo que, assim como há alguma verdade que é conhecida de modo necessário pelo intelecto, sem mistura de falsidade, como os primeiros princípios da demonstração, assim há algum bem que é apetecido de modo necessário, sem mistura de malícia pela vontade, a saber, a própria felicidade. Contudo, não se segue que a vontade seja coagida por aquele

36. ARISTÓTELES, *De caelo et mundo*, II, 292b1ss.
37. Cfr. AGOSTINHO, *De libero arbítrio*, III, c. 5.
38. Refere-se a NEMÉSIO. Cfr. *De natura homini*, c. 41: PG 40, 776 A-B.
39. JOÃO DAMASCENO, *De fide orthodoxa*, II, c. 27.

objeto, porque a coação diz algo contrário à vontade, que é a inclinação própria do que almeja, porém [a coação] não diz algo contrário ao intelecto, que não diz a inclinação do que conhece. Nem mesmo se deve concluir que por haver necessidade daquele bem, também haja necessidade por parte da vontade em relação a querer os outros bens, pois com a vontade não ocorre o mesmo que ocorre com o intelecto, que pela necessidade dos primeiros princípios se induz a necessidade do intelecto para assentir as conclusões. Assim, pois, a vontade em relação às outras coisas queridas, ela não tem necessariamente que as querer em conformidade com aquele primeiro bem querido, ou segundo a verdade, ou segundo a aparência. De tal maneira, que não convém dizer que se não quisesse estes bens não poderia querer aquele bem primeiro, tal como ocorre com o intelecto, cujas conclusões demonstrativas têm conformidade necessária com os princípios, pelos quais são demonstradas as conclusões, de tal modo, que se não houver conclusões verdadeiras, será necessário afirmar que os princípios não eram verdadeiros.

19. Respondo, dizendo que os homens, por nascimento, não seguem imediatamente alguma disposição na alma intelectiva, pela qual se inclinam por necessidade para eleger algum fim, nem pelos corpos celestes, nem por nenhuma outra coisa, a não ser que por sua própria natureza esteja neles o apetite necessário do fim último, a saber, a beatitude, que não impede o arbítrio da liberdade, pois permanecem diversas vias elegíveis para a consecução desse fim.

E isto se dá porque os corpos celestes não têm uma imediata impressão na alma racional. Contudo, por nascimento se segue nos corpos nascidos alguma disposição, tanto pelo poder dos corpos celestes, quanto pelas causas inferiores, que são o sêmen da matéria concebida, pela qual a alma resulta inclinada em certo modo a eleger algo, segundo que a eleição da alma racional seja inclinada por paixões que estão no apetite sensitivo, que é potência corporal, que segue às disposições do corpo. Ora, por isso, nenhuma necessidade se lhe é induzida para eleger, pois está no poder da alma racional aceitar ou também refutar as paixões emergentes. Depois, de fato, o homem realiza algo por algum hábito, ou adquirido, do qual nós somos causa, ou infuso, o qual não se dá sem nosso consentimento, ainda que não sejamos sua causa. E, por isso, o hábito realiza que o homem apeteça eficazmente o fim, conforme aquele hábito. E, porém, aquele hábito não induz necessidade nem impede a liberdade de eleição.

20. Respondo, dizendo que, como a eleição é certo juízo do agir, ou que se segue ao juízo, a eleição pode ser disto que cai sob nosso juízo. Ora, o juízo sobre as coisas a agir se toma do fim, como [o juízo] das conclusões dos princípios. Por isso, como não julgamos os primeiros princípios examinando-os, mas assentimos a ele de modo natural, e segundo eles examinamos todas as coisas, assim nas coisas apetecíveis, não julgamos acerca do fim último com juízo de discussão ou de exame, mas aprovamos de modo natural, porque não há acerca dele eleição, mas vontade. Logo, temos livre vontade em relação a ele, pois a necessidade da inclinação natural não repugna a liberdade, segundo Agostinho, no livro V da *Cidade de Deus*,[40] porém, propriamente falando não temos livre juízo [dele], pois não cai sob eleição.

40. AGOSTINHO, *De civitate Dei*, V, c. 10: PL 41, 152.

Artigo 2

Segundo, pergunta-se se o livre-arbítrio está nos animais irracionais[41]

E parece que sim.

41. Outros lugares: *In II Sent.*, d. 25, a. 1 ad 6 e 7; *Sum. Theo.*, I-II, q. 13, a. 2; *Super Job*, cap. 7, § 278.

Argumentos

1. Com efeito, dizemos que há livre-arbítrio segundo isto, que nossos atos são voluntários. Ora, segundo o Filósofo no livro III da *Ética*,[42] tanto as crianças e os animais irracionais compartilham o voluntário. Logo, o livre-arbítrio está nos animais irracionais.

2. Além do mais, segundo o Filósofo no livro VIII da *Física*,[43] tudo isso que move a si mesmo, é capaz de escolher mover-se ou não se mover. Ora, os animais irracionais movem a si mesmos. Logo, há neles a capacidade de escolher mover-se ou não se mover. Ora, dizemos que há livre-arbítrio segundo isto, que em nós há algum agir, como é claro por Gregório de Nazianzo[44] e Damasceno.[45] Logo, nos animais irracionais há livre-arbítrio.

---

42. ARISTÓTELES, *Ethica Nicomachea*, III, c. 5, 1111b8.
43. ARISTÓTELES, *Physica*, VIII, c. 7, 155a7.
44. Refere-se a NEMÉSIO. Cfr. *De natura homini*, c. 40: PG 40, 768 A-B.
45. Cfr. JOÃO DAMASCENO, *De fide orthodoxa*, II, c. 26: PG, 960 A-B.

3. Além do mais, o livre-arbítrio implica duas coisas, a saber, o juízo e a liberdade, os quais ambos se encontram nos animais irracionais. Ora, eles têm algum juízo sobre o agir, que é claro porque seguem uma coisa e evitam outra. E têm liberdade, porque podem mover e ser movido. Logo, há neles o livre-arbítrio.

4. Além do mais, posta a causa se põe o efeito. Ora, Damasceno[46] põe a causa da liberdade de arbítrio nisto que a nossa alma começa por uma mudança, porque é criada do nada, e por isso é reversível e tem em si, em potência, relação a muitas coisas. Ora, a alma dos animais irracionais inicia-se com uma mudança. Logo, há neles o livre-arbítrio.

5. Além do mais, diz-se ser livre aquilo que não é obrigado por outro. Ora, a alma dos animais irracionais não é obrigada a um dos opostos, porque sua potência não é determinada a uma coisa, como a potência das realidades naturais, que sempre fazem o mesmo. Logo, a alma dos animais irracionais tem livre-arbítrio.

6. Além do mais, a pena não é devida a não ser a quem tem livre-arbítrio. Ora, na lei antiga, encontram-se frequentemente penas infligidas aos animais irracionais, como se diz em Ex 19, 13, sobre a besta que toca o monte; e em Lv 20,16, sobre o jumento com o qual a mulher se une. Logo, parece que há livre-arbítrio nos animais irracionais.

7. Além do mais, este é o sinal de que no homem há livre-arbítrio, como dizem os santos,[47] que por preceitos é instigado

46. Cfr. JOÃO DAMASCENO, *De fide orthodoxa*, II, c. 27: PG 94, 960 C.

47. Cfr. AGOSTINHO, *De gratia et liberi arbitrii*, c. 2: PL 44, 882 ss; GREGÓRIO DE NAZIANZO, isto é, NEMÉSIO, em *De natura homini*, c. 39: PG 40, 765 B.

ao bem e é afastado do mal. Ora, vemos que os animais irracionais são atraídos pelos benefícios e são movidos por preceitos, ou são espantados em demasia para agir ou abandonar algo. Logo, os animais irracionais têm livre-arbítrio.

8. Além do mais, o preceito divino não se dá, a não ser aos que têm livre-arbítrio. Ora, o preceito divino se dá aos animais irracionais, por isso em Jn 4,7, segundo outra leitura se diz que *Deus mandou um verme que picou a mamoneira que secou*. Logo, os animais irracionais têm livre-arbítrio.

Ao contrário

1. Do visto, parece decorrer que o homem é criado à imagem de Deus, que tem livre-arbítrio, como diz Damasceno[48] e também Bernardo.[49] Ora, os animais irracionais não são criados à imagem de Deus. Logo, não têm livre-arbítrio.

2. Além do mais, tudo que é próprio do livre-arbítrio atua e não apenas é atuado. Ora, os animais irracionais não atuam, mas são atuados, como diz Damasceno[50] no livro II. Logo, os animais irracionais não têm livre-arbítrio.

Respondo

Respondo, dizendo que os animais irracionais não têm de nenhum modo o livre-arbítrio. Para evidenciar isso, deve-se saber que três coisas concorrem para a nossa operação, a saber, o conhecimento, o apetite e a mesma operação, pois toda razão

48. JOÃO DAMASCENO, *De fide orthodoxa*, II, c. 12: PG 94, 920 B.
49. BERNARDO, *De gratia et libero arbitrio*, c. 9: PL 182, 1016 B.
50. JOÃO DAMASCENO, *De fide orthodoxa*, II, c. 27: PG 94, 960 D.

da liberdade depende do conhecimento. Com efeito, o apetite segue o conhecimento, porque o apetite não é senão do bem, que se propõe pela potência cognoscitiva. E, às vezes, parece que o apetite não segue o conhecimento, isto se dá porque não se tomam acerca do mesmo o apetite e o conhecimento do juízo, pois o apetite é do particular operável, porém o juízo da razão, às vezes, é algo de universal, que é, às vezes, contrário ao apetite. Ora, o juízo deste particular operável, como agora, nunca pode ser contrário ao apetite. Com efeito, o que quer fornicar, ainda que saiba no universal que a fornicação é um mal, porém, julga para si, como agora, que o ato de fornicação é bom, e o elege sob espécie de bem. Com efeito, nada opera perseguindo o mal, como diz Dionísio.[51]

Ora, o movimento ou a operação seguem o apetite, se não há algo que os impeça. E, por isso, se o juízo da faculdade cognoscitiva não está no poder de alguém, mas está nele determinado por outro, tampouco o apetite estará em seu poder e, por consequência, não estarão absolutamente o movimento ou a operação. Contudo, o juízo está no poder do que julga, conforme possa julgar de acordo com o seu próprio juízo, pois podemos julgar acerca disso que está em nosso poder.

No entanto, julgar de seu próprio juízo é próprio só da razão que volta sobre seu próprio ato e conhece as disposições das coisas, acerca das quais julga e pelas quais julga. Por isso, toda raiz da liberdade está constituída na razão. Pois, conforme alguém se refere à razão, assim se refere ao livre-arbítrio. Contudo, a razão se encontra plena e perfeitamente só no homem, por isso só nele se encontra plenamente o livre-arbítrio. Porém, os animais irracionais têm alguma similitude de razão, enquanto participam de certa prudência natural, na medida em que a natureza inferior atinge, de alguma maneira, isso que é próprio da

51. PSEUDO-DIONÍSIO, *De divinis nominibus*, c. 4, § 32: PG 3, 732 B.

natureza superior. De fato, esta similitude é segundo que tem o juízo ordenado sobre algumas coisas. Ora, esse juízo lhe ocorre pela estimativa natural, não por alguma comparação, uma vez que ignoram a razão do seu juízo. Por causa disso, esse juízo não se estende a todas as coisas, como o juízo da razão, mas a certa coisa determinada.

E, de modo semelhante, se dá neles certa similitude do livre-arbítrio, enquanto podem agir ou não agir em uma e mesma coisa segundo o seu juízo, de modo que assim se dê neles algo como certa liberdade condicionada, pois podem agir, se julgam que agem; e não agir, se não julgam. Ora, porque o seu juízo é determinado a uma coisa, por consequência, também o apetite e a ação se determinam a uma coisa. Por isso, segundo Agostinho no livro sobre o *Comentário literal do Gênesis*,[52] "movem-se pelas coisas vistas"; e, segundo Damasceno,[53] eles agem pelas paixões, porque, a saber, julgam assim naturalmente de tal coisa vista e de tal paixão. Por isso têm necessidade da visão mesma de alguma coisa ou da paixão que surge para mover-se a fugir ou a prosseguir, como a ovelha que, vendo o lobo, tem necessidade de temer e fugir; e o cão, surgindo a paixão da ira, tem necessidade de ladrar e prosseguir para ferir. Mas o homem não se move de modo necessário por essas coisas que se lhe ocorrem, ou por paixões que surgem. Por isso, também, há livre-arbítrio no homem, mas não nos animais irracionais.

Respostas aos argumentos

1. Respondo, portanto, dizendo que o voluntário é posto nos animais irracionais, não segundo o que convém à vontade,

---

52. A citação correta de AGOSTINHO é *Super Genesim ad litteram*, IX, c. 14: PL 34, 402.

53. JOÃO DAMASCENO, *De fide orthodoxa*, II, c. 27: PG 94, 961 A; e também III, c. 18: PG 94, 1076 B-C.

mas segundo o que se opõe ao violento, de modo que se diga assim: que o voluntário está nos animais irracionais ou nas crianças, porque fazem algo por sua espontaneidade, não pelo uso de livre eleição.

2. Respondo, dizendo que a potência motora dos animais irracionais, considerada em si mesma, não está mais inclinada a um dos opostos do que ao outro, e assim se diz que podem mover-se e não ser movidos. Mas o juízo, pelo qual se aplica a potência motora a um dos opostos, está determinado; e assim eles não têm livre-arbítrio.

3. Respondo, dizendo que, ainda que nos animais irracionais haja certa indiferença nas ações, porém não se pode dizer propriamente que haja neles liberdade de ações, ou do agir ou do não agir, tanto porque as ações, que se exercem pelo corpo, podem ser coagidas ou proibidas não só nos animais irracionais, mas também nos homens, por isso nem mesmo se diz que o homem é livre com relação às suas ações; quanto porque também, ainda que haja indiferença entre agir e não agir nos animais irracionais, considerada a mesma ação segundo elas mesmas, contudo, considerada sua ordem em relação ao juízo do qual provém, que está determinado a uma coisa, também se deriva certa obrigação em relação às mesmas ações, de modo que não possa se encontrar absolutamente neles a razão da liberdade. Todavia, dado que neles há certa liberdade e certo juízo, porém, não se segue que neles haja liberdade de juízo, uma vez que seu juízo está naturalmente determinado a uma coisa.

4. Respondo, dizendo que Damasceno não assinala a causa do livre-arbítrio por começar por mudança, ou ser criado do nada, mas a causa da flexibilidade do livre-arbítrio em relação ao mal. Contudo, tanto Damasceno,[54] quanto Gregório,[55] como Agostinho[56] assinalam a razão como causa do livre-arbítrio.

5. Respondo, dizendo que, ainda que a potência motora dos animais irracionais não seja determinada a uma coisa, porém seu juízo acerca do agir é determinado a uma coisa, como foi dito no corpo do artigo e resposta ao argumento 3.

6. Respondo, dizendo que, como os animais irracionais foram feitos para obséquio do homem, segundo isto, que sejam dispostos como convém aos homens, para os quais foram feitos. Logo, os animais irracionais são punidos pela lei divina, não porque eles mesmos pequem, mas porque são castigados pela pena dos homens, seus possuidores, ou são aterrados pela mesma amargura da pena, ou também são instruídos pela significação do mistério.

7. Respondo, dizendo que tanto os homens, quanto os animais irracionais, são induzidos por benefícios e retraídos pelo chicote, ou por preceitos e proibições, mas de modos diversos: porque no poder dos homens está que, diante das mesmas coisas representadas de modo semelhante, seja por preceitos e proibições, seja por benefícios ou pelo chicote, elegem ou fogem a partir do juízo da razão. Mas, nos animais irracionais, o juízo natural está determinado em relação a isso, de modo que aquilo que se propõe ou ocorre de um único modo, do mesmo modo busca ou foge. Contudo, ocorre que, pela memória dos benefícios ou chicotes do passado, os animais irracionais aprendem algo como bom, inclusive para prosseguir ou esperar, e algo como mau, inclusive para fugir ou temer. E, por isso, depois dos

54. JOÃO DAMASCENO, *De fide orthodoxa*, II, c. 27: PG, 960 C.
55. Na verdade é NEMÉSIO, *De natura homini*, c. 41: PG 40, 776 A.
56. Não é correta a referência a Agostinho, mas se deve a Pedro Lombardo.

chicotes, por paixão do temor, que, então, surge neles, são induzidos a obedecer ao sinal do instrutor. Deste modo, não é necessário que isto ocorra com os animais irracionais pela liberdade de arbítrio, mas pela indiferença das ações.

8. Respondo, dizendo que, segundo Agostinho no *Comentário literal ao Gênesis*,[57] o preceito divino feito aos animais irracionais "não se deve crer que foi feito de modo que certa voz que expresse um mandato se una a eles por uma nuvem com certas palavras, como as almas racionais escutam e costumam entender e obedecer, pois as bestas ou as aves não receberam esta capacidade. Porém, em seu gênero obedecem a Deus, não com o arbítrio de uma vontade racional, mas como Ele move todas as coisas no tempo oportuno, não sendo o mesmo temporalmente movido, assim os animais irracionais são movidos temporalmente de modo que sigam seu mandato".

57. AGOSTINHO, *Super Genesim ad litteram*, IX, c. 14: PL 34, 402.

Artigo 3

Terceiro, pergunta-se se há livre-arbítrio em Deus[58]

E parece que não.

58. Outros lugares: *In II Sent.*, d. 25, a. 1; *CG*, I, c. 88; *Sum. Theo.*, I, q. 19, a. 10.

Argumentos

1. Com efeito, o livre-arbítrio é a faculdade da vontade e da razão. Ora, a razão não compete a Deus, pois nomeia o conhecimento discursivo, mas Deus conhece todas as coisas com intuição simples. Logo, o livre-arbítrio não compete a Deus.

2. Além do mais, o livre-arbítrio é a faculdade pela qual se elege o bem e o mal, como é claro por Agostinho.[59] Ora, em Deus não há faculdade de eleger o mal. Logo, em Deus não há livre-arbítrio.

3. Além do mais, o livre-arbítrio é potência que se refere a atos opostos. Ora, Deus não se refere às coisas opostas, pois é imutável, nem pode se referir ao mal. Logo, em Deus não há livre-arbítrio.

4. Além do mais, o ato do livre-arbítrio é eleger, como é claro pela definição indicada. Ora, a eleição não compete a

59. Cfr. *De Ver.*, q. 25, a. 1.

Deus, já que a eleição decorre da deliberação, que é acerca das coisas que se duvidam e se investigam. Logo, em Deus não há livre-arbítrio.

Ao contrário

1. É o que diz Anselmo,[60] *se poder pecar fosse parte do livre-arbítrio, tanto Deus, quanto os anjos não teriam livre-arbítrio, o que é um absurdo*. Logo, é inconveniente dizer que Deus não tenha livre-arbítrio.

2. Além do mais, em 1Cor 12,11: *mas é o único e mesmo Espírito que isso tudo realiza, distribuindo a cada um os seus dons, conforme lhe apraz*; e a Glosa[61] acrescenta: *segundo o livre-arbítrio da vontade*. Logo, o Espírito Santo tem livre-arbítrio, e pela mesma razão também o Pai e o Filho.

Respondo

Respondo, dizendo que em Deus há livre-arbítrio. Porém, de modo distinto n'Ele, e nos anjos, e nos homens. Com efeito, que em Deus haja livre-arbítrio é claro, porque Ele mesmo tem um fim de sua vontade, ao qual quer naturalmente, a saber, sua bondade; mas todas as coisas não as quer como ordenadas a este fim, as quais, de fato, absolutamente falando, não as quer de modo necessário, como foi mostrado na questão precedente, porque sua bondade não requer dessas coisas que elas se ordenem a si mesmas, e sua manifestação pode realizar-se convenientemente de muitos modos: por isso permanece o livre-arbítrio para querer isso ou aquilo, como ocorre conosco.

60. ANSELMO, *De libero arbitrio*, c. 1: PL 158, 489 B.

61. A referência correta pertence a Pedro Lombardo. Cfr. *Liber Sententiarum*, II, d. 25, c. 1, por AMBRÓCIO, *De fide*, II, c. 6: PL, 592 B; Cfr. *Sum. Theo*, I, q. 19, a. 10, sc.

E, por isso, é necessário dizer que em Deus se encontra o livre-arbítrio e, de modo semelhante, nos anjos, pois eles mesmos tampouco querem por necessidade o que querem; mas isso que querem por juízo livre, como também ocorre conosco. Porém, de modo distinto encontra-se o livre-arbítrio em nós, e nos anjos, e em Deus: pois, variados os primeiros, é necessário que as consequências variem. Contudo, a faculdade do livre-arbítrio pressupõe duas coisas, a saber: a natureza e a potência cognoscitiva.

De fato, a natureza se dá de um modo distinto em Deus, e nos homens, e nos anjos. Com efeito, a natureza divina não criada é também o Seu ser e a Sua bondade; por isso, n'Ele não pode haver algum defeito nem quanto ao ser, nem quanto à bondade. Contudo, a natureza humana e a angélica são criadas, tomando princípio pela criação; por isso, quanto a si mesmas, há a possibilidade do defeito. E, por causa disso, o livre-arbítrio de Deus, de nenhum modo, é flexível ao mal; porém o livre-arbítrio do homem e do anjo, considerado nas suas naturezas, é flexível ao mal.

Também o conhecimento se encontra de modo distinto no homem, em Deus e nos anjos. Com efeito, o homem tem o conhecimento e toma a ciência da verdade com o discurso; por isso a recebe com dúvida e dificuldade, discernindo e julgando, *os pensamentos dos mortais são tímidos e falíveis os nosso raciocínios*, como se diz em Sb 9,14. Mas, em Deus e também nos anjos, a seu modo, há uma simples conhecimento da verdade, sem o discurso e a investigação. Por isso não caem neles a dúvida e a dificuldade discernindo ou julgando. E, por isso, Deus e os anjos têm pronta eleição de livre-arbítrio, mas o homem sofre dificuldade, por causa da incerteza e da dúvida. E, assim, é claro que o livre-arbítrio dos anjos tem um lugar intermediário entre o livre-arbítrio de Deus e o do homem, participando de algum modo de um e de outro dos extremos.

Respostas aos argumentos

1. Respondo, dizendo que a razão, às vezes, é considerada de um modo lato enquanto se refere a todo o conhecimento imaterial: e, assim, a razão se encontra em Deus; por isso Dionísio coloca a razão entre os nomes divinos, no capítulo VI do *Sobre os nomes divino.*[62] De outro modo, considera-se propriamente enquanto potência cognoscitiva que se dá com o discurso e, assim, a razão não se encontra em Deus, nem nos anjos, mas apenas nos homens. Logo, pode-se dizer que a razão é posta na definição do livre-arbítrio apenas segundo a primeira acepção. De fato, se se toma na segunda acepção, então se define segundo aquele modo pelo qual está nos homens.

2. Respondo, dizendo que poder eleger o mal não é próprio da natureza do livre-arbítrio, mas é consequência do livre-arbítrio, segundo o que está na natureza criada ser capaz de defeito.

3. Respondo, dizendo que a vontade divina se refere aos opostos: não, de fato, como algo que quer e depois não quer, porque repugnaria a sua imutabilidade; nem de modo que possa querer o bem e o mal, porque isto colocaria em Deus a defectibilidade, mas porque pode querer e não querer algo.

4. Respondo, dizendo que a eleição segue a deliberação, que se realiza com a investigação, e sucede na eleição segundo o que se encontra na natureza racional, que capta o conhecimento de algo de verdade pelo discurso da razão; mas, na natureza intelectual, que tem uma acepção simples da verdade, encontra-se a eleição sem a investigação precedente. E, assim, a eleição está em Deus.

62. PSEUDO-DIONÍSIO, *De Divinis Nominibus*, c. VII, § 4: PG 3, 872 C.

Artigo 4

Quarto, pergunta-se se o livre-arbítrio é uma potência ou não[63]

E parece que não.

63. Outros lugares: *In II Sent.*, d. 24, q. l, a. 1; *Sum. Theo*, I, q. 83, a. 2.

Argumentos

1. Com efeito, o livre-arbítrio, segundo Agostinho,[64] é uma faculdade da vontade e da razão. Ora, a faculdade é dita uma potência fácil. Logo, como a faculdade da potência provém do hábito, porque, segundo Agostinho, o hábito é aquilo pelo qual alguém pode agir de modo fácil, parece que o livre-arbítrio é um hábito.

2. Além do mais, certas operações são morais, outras naturais. Ora, a faculdade que se refere às operações morais é um hábito, como é claro acerca das virtudes morais. Logo, também o livre-arbítrio, que implica facilidade para operações naturais, é hábito e não potência.

3. Além do mais, segundo o filósofo no livro II da *Física*,[65] se a natureza construísse um navio, o construiria à maneira co-

64. A referência pertence, na verdade, a PEDRO LOMBARDO, cfr. *Liber Sententiarum*, II, d. 24, c. 3. Cfr. LOTTIN, O. *Psychologie et morale*, v. I, ed. 2, 64, nota 3.

65. ARISTÓTELES, *Physica*, II, c. 14, 199b28.

mo se constrói pela arte. Logo, a facilidade natural é da mesma condição da qual é a facilidade que se faz pela arte. Ora, a facilidade que se faz pela arte é certo hábito adquirido por operações, como é claro nas virtudes morais; de modo que dizemos que por arte se faz tudo isso que se faz pela razão. Logo, também, a faculdade ou a facilidade natural, que é o livre-arbítrio, será certo hábito.

4. Além do mais, segundo o Filósofo no livro II da *Ética*[66], os hábitos são aqueles pelos quais nós agimos de alguma maneira, mas as potências são aquelas coisas segundo as quais agimos absolutamente. Ora, o livre-arbítrio nomeia não apenas isso pelo qual agimos, mas também isso pelo qual, de algum modo, agimos, a saber, livremente. Logo, o livre-arbítrio nomeia o hábito.

5. Mas, poder-se-ia dizer que, quando se diz que o hábito é aquilo pelo qual agimos, deve-se entender bem ou mal. Mas, ao contrário, aquilo que é da noção de hábito é comum a todo hábito. Ora, agir bem e mal não é comum a todo hábito, pois os hábitos especulativos não se referem ao bem ou ao mal, como se diz. Logo, agir bem ou mal não é da natureza do hábito.

6. Além do mais, isso que se remove pelo pecado não pode ser a potência, mas o hábito. Ora, o livre-arbítrio é removido pelo pecado, porque, como diz Agostinho,[67] *o homem que usa mal o livre-arbítrio perde-o e a si mesmo*. Logo, o livre-arbítrio é um hábito e não uma potência.

7. Mas poder-se-ia dizer que as palavras de Agostinho se entendem da liberdade da graça, que é pelo hábito. – Mas, ao

66. ARISTÓTELES, *Ethica Nicomachea*, II, c. 5, 1105b23.

67. AGOSTINHO, *Enchiridium*, c. 30: PL 40, 246.

contrário, o hábito da graça, segundo Agostinho,[68] nada usa mal. Logo, o livre-arbítrio, pelo qual alguém usa mal, não pode ser entendido como a liberdade da graça.

8. Além do mais, Bernardo diz no livro *Sobre o livre--arbítrio*[69] que o livre-arbítrio é o hábito da alma livre de si; e, assim, o mesmo que antes.

9. Além do mais, é mais fácil passar ao ato do conhecimento do que ao da operação. Ora, às potências cognoscitivas se lhes deu algum hábito natural, a saber, o entendimento dos princípios, que está no máximo do conhecimento. Logo, também às potências operativas, ou motoras, se lhes é dado algum hábito natural. Logo, como o livre-arbítrio tem o lugar supremo nas potências motoras, vê-se que é hábito, ou potência aperfeiçoada pelo hábito.

10. Além do mais, a potência não se restringe a não ser pelo hábito. Ora, a vontade e a razão se restringem no livre-arbítrio, pois a vontade é acerca do possível e do impossível, porém o livre-arbítrio não é acerca do impossível. De modo semelhante, a razão é tanto dessas coisas que estão em nós, quanto dessas coisas que não estão em nós,[70] mas o livre-arbítrio só é dessas coisas que estão em nós. Logo, o livre-arbítrio nomeia um hábito.

11. Além do mais, assim como a potência nomeia algo acrescentado à essência, assim uma faculdade diz algo acrescentado à potência. Ora, o que se acrescenta à potência é o há-

68. AGOSTINHO, *De libero arbitrio*, II, c. 19: PL 32, 1268; e em *Retractationes*, I, c. 9: PL 32, 597. Cfr. PEDRO LOMBARDO, *LiberSententiarum*, II, d. 27, c. 5.

69. BERNARDO, *De grafia et libero arbitrio*, c. 1: PL 182, 1002 C.

70. Cfr. NEMÉSIO, *De natura hominis*, c. 40: PG 40, 768 A-B; Bd -113; JOÃO DAMASCENO, *De fide Ortodoxa*, I, c. 26: PG 94, 957 D; Bt 150.

bito. Logo, como o livre-arbítrio é uma faculdade, parece que é um hábito.

12. Além do mais, diz Agostinho[71] que o livre-arbítrio é *um movimento da alma vital e racional*. Ora, o movimento nomeia o ato. Logo, o livre-arbítrio é um ato e não uma potência.

13. Além do mais, o juízo, segundo Boécio,[72] é o ato do que julga. Contudo, o arbítrio não é o mesmo que o juízo. Logo, o arbítrio também é ato. Ora, isso que se acrescenta ao livre não muda o gênero do ato, porque são ditos atos livres os que estão no poder do agente. Logo, o livre-arbítrio é um ato e não uma potência.

14. Além do mais, segundo Agostinho, no livro *Sobre a Trindade*,[73] aquilo que excede seu sujeito se insere em algo essencialmente ou acidentalmente: por isso, prova que o amor e o conhecimento se inserem na mente essencialmente, porque a mente não apenas ama e conhece a si mesma, mas também as outras coisas. Contudo, o livre-arbítrio se estende para além do sujeito, porque a alma age livremente nessas coisas que estão fora dela. Logo, o livre-arbítrio se insere essencialmente na alma; e, assim, não é uma potência, pois as potências se acrescentam à essência.

15. Além do mais, nenhuma potência passa ao ato por si mesma. Ora, o livre-arbítrio passa a si mesmo ao ato quando quer. Logo, o livre- arbítrio não é uma potência.

---

71. PSEUDO-AGOSTINHO, *Hypognosticon*, I, c. 4: PL 45, 1623.
72. BOÉCIO, *De consolatione philosophiae*, V, pr. 4: PL 63, 850 B.
73. AGOSTINHO, *De Trinitate*, IX, c. 4: PL 42, 963 ss.

Ao contrário

1. Segundo o Filósofo no livro II, capítulo V, da *Ética*,[74] *três coisas há na alma: potência, hábito e paixão*. Contudo, o livre-arbítrio, não é uma paixão, pois está na parte superior da alma: porém, a paixão e a capacidade de padecer algo existem apenas na parte sensitiva. De modo semelhante, não é um hábito, porque o livre-arbítrio é sujeito da graça, pois se refere à graça, segundo Agostinho,[75] como o cavalo ao cavaleiro. Porém o hábito não pode ser sujeito de outro hábito. Logo, resta que o livre-arbítrio seja uma potência.

2. Além do mais, parece que entre a potência e o hábito há distância, pois a potência se refere aos opostos, mas pelo hábito se determina a um deles. Ora, o livre-arbítrio nomeia o que se refere aos opostos, de nenhum modo é determinado a um deles. Logo, o livre-arbítrio é uma potência e não um hábito.

3. Além do mais, diz Bernardo:[76] *remova o livre-arbítrio e não há o que se salve*. Ora, o que se salva é a alma, ou a potência da alma. Logo, o livre-arbítrio, como não é a alma, porque pertence apenas à parte superior, resta ser uma potência.

4. Além do mais, o Mestre diz no livro II das *Sentenças*:[77] *aquela potência da alma racional, pela qual se pode querer o bem ou o mal e se discerne um a um, chama-se livre-arbítrio*; e, assim, o livre-arbítrio é uma potência.

---

74. ARISTÓTELES, *Ethica Nicomachea*, II, c. 5, 1105b20.
75. PSEUDO-AGOSTINHO, *Hypognosticon*, III, c. 11, PL 45, 1632; Cfr. *Sum. Theo.*, I-II, q. 110, a. 4, arg. 1.
76. BERNARDO, *De grada et libero arbitrio*, c. 1: PL 182, 1002 B.
77. PEDRO LOMBARDO, *Liber Sententiarum*, II, d. XXIV, cap. 3.

5. Além do mais, diz Anselmo[78] que o livre-arbítrio é *o poder de conservar a retidão da vontade por causa de si*, e, assim, o mesmo que antes.

Respondo

Respondo, dizendo que o livre-arbítrio, se considerado o significado da palavra, nomeia um ato; mas, pelo uso comum de falar, deve-se considerar que signifique aquilo que é o princípio de um ato. Com efeito, quando dizemos que o homem tem livre-arbítrio, não entendemos que julgue livremente com um ato, mas que tem em si mesmo algo de onde possa julgar livremente.

Por isso, se este ato que é julgar livremente tem em si algo que exceda o poder da potência, então se chamará livre-arbítrio o hábito ou a potência pelo hábito aperfeiçoado, assim como irar-se moderadamente diz algo que excede a faculdade irascível, pois o irascível não pode moderar por si mesmo a paixão da ira, a não ser que seja aperfeiçoado por algum hábito, segundo o qual imprima nele a moderação da razão.

De fato, se julgar livremente não implica em si algo que exceda o poder da potência, o livre-arbítrio não nomeará senão a potência absolutamente; como irar-se não excede o poder da potência irascível, por isso seu próprio princípio é a potência e não o hábito.

Contudo, consta que julgar, se nada acrescenta, não excede o poder da potência; por isso que, pela própria natureza, o ato de alguma potência, a saber, da razão, existe sem requerer algum hábito acrescentado.

No entanto, isso que se acrescenta livremente, de modo semelhante, não excede o poder da potência. Pois, segundo isso,

78. ANSELMO, *De libero arbitrio*, c. 3: PL 158, 494 B; *Ibid.*, c. 13: PL 158, 505 A.

se diz que alguém realiza livremente o que está no poder de quem faz. Contudo, estar algo no nosso poder insere em nós segundo alguma potência, não, porém, segundo algum hábito, a saber, pela vontade. E, por isso, o livre-arbítrio não nomeia o hábito, mas a potência da vontade ou da razão; uma, de fato, em relação à outra. Assim, o ato de eleição procede de um em relação a outro, segundo isso que diz o Filósofo no livro VI da *Ética*,[79] que a eleição é o apetite intelectivo ou é o intelecto apetitivo.

É claro também pelo dito que alguns[80] foram movidos a sustentar que o livre-arbítrio é um hábito. Com efeito, alguns sustentaram isso porque o livre-arbítrio acrescenta à vontade e à razão, a saber, a ordenação de uma em relação à outra. Ora, isso não pode ter natureza de hábito, tomado propriamente o nome de hábito: pois o hábito é certa qualidade, segundo a qual a potência se inclina ao ato. Outros,[81] de fato, disseram que o livre-arbítrio é uma potência habitual, considerando a facilidade pela qual julgamos livremente. Mas isso, como já foi dito, não excede à noção de potência.

Respostas aos argumentos

1. Respondo, dizendo que algo se diz fácil de dois modos: um, por causa da remoção do impedimento; outro, pelo acréscimo de um auxílio. Portanto, a facilidade que pertence ao hábito é por acréscimo de um auxílio, pois o hábito inclina a potência ao ato. Contudo, essa facilidade não nomeia o livre-arbítrio, porque, enquanto é por si, não se inclina a um mais do que a outro, mas nomeia a facilidade que é por remoção do impedimento, porque o livre-arbítrio não é impedido pela própria operação que o coage. E, por isso, Agostinho chamou propriamente

79. ARISTÓTELES, *Ethica Nicomachea*, VI, c. 2, 139b4.
80. BOAVENTURA, *Super Sententiarum*, II, d. 25, p. 1, q. 4.
81. ALEXANDRE DE HALES, *Summa Theologica*, I-II ps., n. 390 (p. 468).

o livre-arbítrio faculdade, não facilidade, porque a faculdade parece que implica isto, que algo esteja no poder de quem tem a faculdade.

2 e **3.** Respondo, dizendo de modo semelhante ao segundo e ao terceiro, que procedem da facilidade do hábito.

4. Respondo, dizendo que, no ato, podem-se considerar dois modos: um, que pertence à noção de hábito, como quando alguém atua bem ou mal; outro, que pertence à noção de potência, como conhecer imaterialmente convém ao intelecto pela mesma natureza da potência. Portanto, o modo que implica isso que chamo julgar livremente não pertence a algum hábito acrescentado, mas à própria noção de potência, como foi dito.

5. E, por isso, é clara a solução para o quinto.

6. Respondo, dizendo que o homem, usando mal do livre-arbítrio, não o perde totalmente, mas em relação a algo, porque, depois do pecado não pode estar sem pecado, assim como podia antes do pecado.

7. Respondo, dizendo que, ainda que ninguém possa usar mal a graça, porém, se tem o livre-arbítrio, alguém também pode usar mal a graça, enquanto dizemos que se usa mal o que é princípio do mau uso, como a potência ou hábito. Contudo, se dizemos que algo se usa mal como objeto de uso, assim acontece também quando se usam mal as virtudes e a graça, como é claro naqueles que se orgulham das virtudes.

8. Respondo, dizendo que Bernardo toma impropriamente o hábito por qualquer facilidade.

9. Respondo, dizendo que alguma potência carece de hábito por duas razões. Primeira, de fato, porque a operação que é tomada pela potência excede o poder da potência, ainda que não exceda o poder de toda a natureza humana. Segunda, porque excede o poder de toda natureza. E esta segunda maneira, todas as potências da alma carecem de hábitos segundo os quais exerçam atos meritórios, sejam afetivos ou intelectivos, porque nesses atos não podem acrescentar senão os hábitos da graça.

Contudo, no primeiro modo o intelecto carece de hábito, porque não se pode entender algo senão se se tomar isso pela espécie inteligível. Por isso, é necessário que se acrescente a espécie inteligível em quem o intelecto passa ao ato, mas das espécies surge alguma ordem ao hábito. E, pela mesma razão, os apetites inferiores, a saber, o irascível e concupiscível, requerem dos hábitos pelos quais se aperfeiçoam com as virtudes morais. Com efeito, o fato de que os atos deles sejam moderados não excede à natureza humana, mas excede o poder das ditas potências. Por isso, é necessário que isso que é próprio da potência superior, a saber, da razão, imprima-se nelas, e o mesmo sinal da razão aperfeiçoa formalmente as virtudes morais nas potências inferiores.

No entanto, a afetiva superior não requer algum hábito desse modo, porque tende naturalmente até o bem conatural, assim como no próprio objeto. Por isso, para que se queira o bem não se requer senão que se lhe mostre pela potência cognoscitiva. E, por isso, os filósofos não colocaram na vontade qual hábito, nem natural, nem adquirido. Mas colocaram a prudência na razão para dirigir nas coisas realizáveis, e a temperança e a fortaleza e as outras virtudes morais no irascível e no concupiscível. Mas, segundo os teólogos, coloca-se na vontade o hábito da caridade por causa dos atos meritórios.

10. Respondo, dizendo que esta restrição da razão e da vontade não se realiza por algum hábito acrescentado, mas pela ordenação de uma potência à outra.

11. Respondo, dizendo que a faculdade que é por inclinação de um hábito acrescenta na potência algo que é distinto da natureza, a saber, o hábito. Ora, a faculdade que é por remoção da coação acrescenta uma natureza determinada à potência, que, porém, pertence à mesma natureza, como a diferença que se acrescenta ao gênero pertence à natureza da espécie.

12. Respondo, dizendo que Agostinho define o livre-arbítrio pelo próprio ato, porque as potências são conhecidas pelos atos. Por isso, aquela atribuição não é essencial, mas causal.

13. Respondo, dizendo que, ainda que segundo a propriedade da expressão, o livre-arbítrio nomeia um ato, porém, segundo o uso da fala, está mudado para significar o princípio do ato.

14. Respondo, dizendo que o conhecimento e o amor podem ser comparados com a mente de dois modos. De um modo, como ao amante e ao cognoscente; e, assim, não excedem à mesma mente, nem se afastam dos outros acidentes pela semelhança. De outro modo, podem ser comparados com a mente como a coisa amada e conhecida. E, assim, excedem à mente, porque a mente não só se ama e se conhece, mas também as outras coisas; e, assim, afastam-se dos acidentes por semelhança. Pois os outros acidentes, segundo aquilo pelo qual se comparam ao sujeito, não se comparam a algo externo, mas agem se se comparam ao externo inserido no sujeito. De fato, o amor e o conhecimento se comparam de algum modo ao sujeito e a essas coisas que são externas; ainda que de algum modo por ele se comparam só ao sujeito. Logo, não é necessário que deste modo o amor e o conhecimento sejam essenciais à mente, a não ser que a mente se conheça e se ame por sua essência.

15. Respondo, dizendo que o argumento procede em relação à potência passiva do ser, como ocorre na matéria primeira, que não é levada por si mesma ao ato. Porém, não se aplica à potência operativa, como é o livre-arbítrio, que é levada ao ato pelo objeto.

ARTIGO 5

QUINTO, PERGUNTA-SE SE O LIVRE-ARBÍTRIO É UMA POTÊNCIA OU MUITAS[82]

E parece que são muitas potências.

82. Outros lugares: *In II Sent.*, d. 24, q. l, a. 2.

Argumentos

1. Com efeito, como diz Agostinho,[83] o livre-arbítrio é *faculdade da vontade e da razão*. Ora, a razão e a vontade são potências diversas. Logo, o livre-arbítrio pertence a diversas potências.

2. Além do mais, as potências são conhecidas pelos atos. Ora, no livre-arbítrio se incluem atos de diversas potências, como também diz Damasceno no livro II *Sobre o livre-arbítrio*,[84] *ocorre assim em nós, por exemplo, mover-se e não mover-se, exercer um ímpeto ou não exercer, apetecer e não apetecer*, e outras coisas semelhantes, que certamente pertencem a muitas potências. Logo, o livre-arbítrio são muitas potências.

3. Além do mais, diz Boécio no livro da *Consolação da Filosofia*:[85] *nas substâncias divinas*, a saber, *os anjos, o livre-*

---

83. V. PEDRO LOMBARDO, *Liber Sententiarum*, II, d. 24, c. 3.
84. JOÃO DAMASCENO, *De fide orthodoxa*, II, c. 26: PG 94, 960 A.
85. BOÉCIO, *De consolattone philosophiae*, V, pr. 2: PL 63, 836 A.

-arbítrio insere neles, segundo neles existem um juízo de perspicácia e uma vontade incorrupta. Ora, a perspicácia do juízo pertence à razão. Logo, o livre-arbítrio inclui em si a vontade e a razão; e, assim, o livre-arbítrio são muitas potências.

4. Mas se poderia dizer que é uma potência que tem duas potências. – Mas, ao contrário, assim como na parte superior da alma se encontram a cognoscitiva e a afetiva, assim também na parte inferior. Ora, na parte inferior não há nenhuma potência que tenha em si a virtude cognoscitiva e afetiva. Logo, nem na parte inferior.

5. Além do mais, diz Boécio no livro da *Consolação da Filosofia*,[86] que *a extrema servidão se dá quando as mentes humanas, abandonadas aos vícios, logo são obscurecidas na nuvem da ciência e são turvadas pelos afetos perniciosos*. Ora, a servidão da qual ali se fala opõe-se à liberdade de arbítrio. Logo, o livre-arbítrio inclui em si a razão e o afeto; e, assim, o mesmo que antes.

Ao contrário

Diz-se que o homem é um microcosmo, enquanto nele encontra-se a semelhança do macrocosmo. Ora, no macrocosmo não se encontram duas naturezas extremas, sem uma média. Logo, nem no homem encontram-se duas potências extremas, sem uma média. Contudo, no homem encontra-se uma potência que sempre tende ao bem, a saber, a sindérese; e outra como oposta a esta, que sempre inclina até o mal, a saber, a sensualidade. Logo, encontra-se alguma potência que se refere ao bem e ao mal, e essa é o livre-arbítrio. E, assim, parece que o livre-arbítrio é uma única potência.

86. BOÉCIO, *De consolatione philosophiae*, V, pr. 2: PL 63, 836 A.

Respondo

Respondo, dizendo que por duas considerações alguns foram movidos a sustentar que o livre-arbítrio são muitas potências. Uma, de fato, porque viram que, pelo livre-arbítrio, nós temos poder sobre o ato de todas as potências: por isso, sustentaram que o livre-arbítrio é como um todo universal, em relação a todas as potências. Ora, isso não pode ocorrer, porque assim se seguiria que em nós há muitos livres-arbítrios, por causa da multiplicidade das potências, pois muitos homens são muitos animais.

Em relação a isso, não se deve sustentar que somos coagidos à dita noção. Com efeito, todos ao atos das diversas potências não se referem ao livre-arbítrio a não ser mediante um ato, que é eleger, pois segundo isso, nos movemos pelo livre-arbítrio, quando elegemos mover-se pelo livre-arbítrio e, assim, em relação aos outros atos. Por isso, não se mostra que o livre-arbítrio sejam muitas potências, mas que é uma única potência que move por sua virtude diversas potências.

De fato, alguns se moveram por outra consideração ao sustentar a pluralidade das potências no livre-arbítrio, porque viram que no ato do livre-arbítrio concorrem algumas coisas que pertencem a diversas potências, a saber, o juízo, que é a razão, e o apetite, que é a vontade.

Por isso, disseram que o livre-arbítrio reunia em si muitas potências, pelo modo em que o todo integral contém suas partes. Contudo, isso não pode ocorrer. Com efeito, como o ato que se atribui ao livre-arbítrio é um ato único e especial, a saber, eleger, não pode proceder imediatamente das duas potências, mas procede imediatamente de uma e mediatamente de outra, enquanto, a saber, o que é da potência anterior permanece na posterior. Por isso, resta que o livre-arbítrio é uma única potência.

Respostas aos argumentos

1. Respondo, dizendo que Agostinho diz que o livre-arbítrio é uma faculdade da vontade e da razão, porque ao ato do livre-arbítrio o homem se ordena por cada potência, ainda que não imediatamente.

2. Respondo, dizendo que o livre-arbítrio não se ordena a diversas potências, a não ser mediante seu único ato, como foi dito.

3. Respondo, dizendo que Boécio atribui ao livre-arbítrio isso que é próprio de diversas potências, enquanto que por diversas potências o homem se ordena ao ato do livre-arbítrio, como foi dito no corpo do artigo.

4. Respondo, dizendo que na parte irracional ou inferior da alma se dá apenas uma simples apreensão pela parte cognoscitiva, mas não alguma comparação ou ordenação, como se dá na apreensiva racional. E, por isso, na parte sensitiva o apetite se dirige absolutamente ao objeto sem que permaneça alguma ordem da apreensiva na apetitiva. Por isso, na parte sensitiva não há qualquer potência que compreenda em si de alguma maneira a apreensiva e apetitiva, como se dá na parte racional.

5. Respondo, dizendo ao quinto como ao quarto.

Artigo 6

Sexto, pergunta-se se o livre-arbítrio é a vontade ou outra potência distinta da vontade[87]

E parece que é outra potência.

87. Outros lugares: *In II Sent.*, d. 24, q. 1, a. 3; *Ibid.*, d. 26, q. 1, a. 3, ad 3; *Sum. Theo.* I, q. 83, a. 4.

Argumentos

1. Com efeito, aquilo que se predica essencialmente de algo não deve ser posto indiretamente na sua definição; assim como animal não se coloca indiretamente na definição de homem. Ora, a razão e a vontade são postas na definição de livre-arbítrio, pois se diz faculdade da vontade e da razão. Logo, o livre-arbítrio não é a razão ou a vontade, mas outra potência distinta de cada uma.

2. Além do mais, as diferenças das potências são conhecidas segundo as diferenças dos atos. Ora, eleger, que é o ato do livre-arbítrio, é outro do que o querer, que é ato da vontade, como evidencia o Filósofo no livro III da *Ética*.[88] Logo, o livre-arbítrio é outra potência distinta da vontade.

3. Além do mais, na denominação de livre-arbítrio, arbítrio se põe em abstrato, mas livre em concreto. Ora, arbítrio é da

88. ARISTÓTELES, *Ethica Nicomachea*, III, c. 5, 111b26.

razão, e livre da vontade. Logo, isso que é da razão convém essencialmente ao livre-arbítrio, mas o que é da vontade convém como de modo denominativo e atual. E, assim, o livre-arbítrio parece ser mais da razão do que da vontade.

4. Além do mais, segundo Damasceno[89] e Gregório de Nazianzo,[90] possuímos o livre-arbítrio porque somos racionais. Ora, somos racionais porque temos a razão. Logo, porque temos a razão possuímos o livre-arbítrio; e, assim, parece que o livre-arbítrio é a razão.

5. Além do mais, assim como é a ordem dos hábitos também é a ordem das potências. Ora, o ato da fé, que é hábito da razão, é informado pela caridade, que é hábito da vontade. Logo, também o ato da razão é informado pela vontade e não o inverso. E, assim, se o ato do livre-arbítrio for de uma das duas potências, a saber, da vontade e da razão, de uma como do que se elege e de outra como do que informa, parece que será da razão como do que se elege. E, assim, o livre-arbítrio é essencialmente a razão e, assim, é uma potência distinta da vontade.

Ao contrário

1. É o que diz Damasceno no livro XIV *Sobre a fé ortodoxa*:[91] *o livre-arbítrio não é outra coisa, senão a vontade.*

2. Além do mais, diz o Filósofo no livro III da *Ética*,[92] que a eleição é o apetite deliberado. Contudo, a eleição é um ato do livre-arbítrio. Logo, o livre-arbítrio é potência apetitiva. Ora,

89. JOÃO DAMASCENO, *De fide orthodoxa*, II, c. 27: PG 94, 960 C.
90. V. NEMÉSIO, *De natura horma*, c. 41, PG 40, 776 A.
91. JOÃO DAMASCENO, *De fide orthodoxa*, III, c. 14: PG 94, 1037 C.
92. ARISTÓTELES, *Ethica Nicomachea*, III, c. 6, 1112a15.

não é o apetite inferior, que se divide em irascível e concupiscível, pois, assim, os animais irracionais teriam o livre-arbítrio. Logo, é o apetite superior, e esse é a vontade, segundo o Filósofo no livro III de *Da alma*.[93] Logo, o livre-arbítrio é a vontade.

Respondo

Respondo, dizendo que alguns[94] dizem que o livre-arbítrio é uma terceira potência distinta da vontade e da razão, por causa disso eles veem que o ato do livre-arbítrio, que é eleger, é diferente do ato da simples vontade e do ato da razão. Pois o ato da razão consiste, de fato, apenas na cognição, porém a vontade tem seu ato em relação ao bem que é o fim, e o livre-arbítrio é relativo ao bem, que se dirige ao fim. Logo, assim como o bem, que é relativo ao fim, origina-se da noção de fim, mas o apetite do bem se origina do conhecimento; assim dizem que de uma certa ordem natural a vontade procede da razão e dessas duas se origina uma terceira potência, que é o livre-arbítrio.

Mas isso não pode ocorrer de modo conveniente. Com efeito, o objeto e isso que é da razão de objeto, pertencem à mesma potência, assim como a cor e a luz à potência da visão. Contudo, toda sua noção de apetibilidade é relativa ao fim que, enquanto tal, é fim. Por isso, não pode ocorrer que o apetecer o fim e o que é relativo ao fim sejam potências distintas. Tampouco essa diferença pela qual se apetece absolutamente o fim, isso que é relativo ao fim, em ordem a outro, pode induzir uma distinção nas potências apetitivas. Pois a ordenação de um a outro insere no apetite não por si, mas pelo outro, a saber, pela razão, de quem é próprio ordenar e comparar. Por isso, não pode haver diferença específica que constitua uma espécie de apetite.

93. ARISTÓTELES, *De Anima*, III, c. 14, 432b5.

94. Cfr. *In II Sent.*, d. 24, q. 1, a. 3. É a opinião de ALBERTO MAGNO em *Super Ethica*, III, lect. 4 (col. XIV, p. 154).

No entanto, se eleger for um ato da razão ou da vontade, o Filósofo parece deixar isso sob dúvida no livro III de *Da alma*,[95] sustentando, porém, que de alguma maneira é uma mesma de ambas as potências, dizendo que a eleição ou é intelecto apetitivo ou apetite intelectivo. Ora, ele diz que é apetite no livro III da *Ética*,[96] definindo que a eleição é o desejo previamente deliberado.

De fato, isso é verdadeiro e ele demonstra o mesmo objeto (pois, assim como o bem deleitável e honesto, que tem natureza de fim, são objetos da potência apetitiva, assim também é o bem útil, que propriamente se elege); e é claro pelo nome: pois o livre-arbítrio, como foi dito no artigo 4 desta questão, é a potência pela qual o homem pode julgar livremente. Ora, diz-se que é o princípio de algum ato a realizar de algum modo, não é necessário que seja princípio daquele ato absolutamente, mas significa que é de algum modo seu princípio. Como a gramática, na medida em que se diz ser uma ciência do falar retamente, isso não significa que seja absolutamente o princípio do falar, porque sem a gramática o homem pode falar, mas a gramática é o princípio da correção da fala. Assim, também, a potência pela qual julgamos livremente não se entende aquela pela qual julgamos absolutamente, que é da razão, mas a que faz a liberdade ao julgar, que é da vontade. Por isso, o livre-arbítrio é a própria vontade. No entanto, não a nomeia absolutamente, mas em relação a algum ato dela, que é eleger.

Respostas aos argumentos

1. Respondo, dizendo que, porque o livre-arbítrio não nomeia a vontade absolutamente, mas em ordem à razão, então,

95. ARISTÓTELES, *De anima*, III, c. 2, 432b5.
96. ARISTÓTELES, *Ethica Nicomachea*, III, c. 6, 1112a15.

para significar isso, a vontade e a razão são postas na definição de livre-arbítrio.

2. Respondo, dizendo que, ainda que eleger seja algum ato distinto do querer, porém, essa diferença não pode induzir à distinção de potências.

3. Respondo, dizendo que, ainda que o juízo seja razão, porém, a liberdade de julgar é imediatamente da vontade.

4. Respondo, dizendo que dizemos racionais não só pela potência da razão, mas pela alma racional, cuja vontade é uma potência; e, assim, segundo somos racionais, dizemos que temos o livre-arbítrio. Porém, se o racional fosse tomado da potência da razão, a dita autoridade significaria que a razão é primeira na origem do livre-arbítrio, não, porém, o princípio imediato da eleição.

5. Respondo, dizendo que a vontade move, de certo modo, a razão, imperando seu ato; e a razão move a vontade, propondo seu objeto, que é o fim. E, então, cada potência pode ser informada, de alguma maneira, pela outra.

Artigo 7

Sétimo, pergunta-se se pode existir alguma criatura que tenha o livre-arbítrio naturalmente confirmado no bem[97]

E parece que sim.

97. Outros lugares: *In II Sent.*, d. 23, q. 1, a. 1; *Sum. Theo*, I, q. 6, 3, a. 1.

Argumentos

1. Com efeito, a natureza espiritual é mais nobre do que a corporal. Ora, existe alguma natureza corporal que convém nisto, que nela não possa haver qualquer movimento desordenado, a saber, a natureza dos corpos celestes. Logo, com maior razão pode existir alguma natureza criada que seja capaz do livre-arbítrio, em cujo movimento não possa haver naturalmente qualquer desordem; que é ser impecável, ou confirmado no bem.

2. Mas se poderia dizer que é da nobreza da criatura espiritual poder merecer; e isso não pode ocorrer a não ser que possa pecar e não pecar. – Mas, ao contrário, disso se segue que compete a alguma criatura espiritual poder merecer, e que tenha o domínio de seu ato. Ora, se não pode senão agir bem, de nenhuma maneira permaneceria nela o domínio de seu ato. Ora, poderia exercer ou não exercer algum bem, sem que isso incida no mal, ou ao menos eleger entre o bem e o melhor. Logo, para merecer, não se requer o poder de pecar.

3. Além do mais, o livre-arbítrio, pelo qual merecemos a graça que ajuda, é potência ativa. Ora, é da noção da potência ativa não falhar. Logo, a criatura espiritual pode ter potência para merecer, se for naturalmente impecável.

4. Além do mais, diz Anselmo[98] que o poder de pecar não é a liberdade, nem parte da liberdade. Ora, a liberdade é a razão pela qual o homem é capaz de mérito. Logo, removida a potência de pecar, permanece ainda no homem a potência de merecer.

5. Além do mais, Gregório de Nazianzo[99] e Damasceno[100] destacam esse argumento de que a criatura é mutável, segundo o livre-arbítrio, porque é criada. Ora, segue-se que a criatura se aproxima mais disso, na medida em que é criada e pode voltar ao nada, do que poder fazer o mal. Ora, existe alguma criatura que é naturalmente incorruptível, como a alma e os corpos celestes. Logo, com maior razão pode se encontrar alguma criatura espiritual que seja naturalmente impecável.

6. Além do mais, aquilo que Deus faz em um pode fazer em outros. Ora, Deus dá imutavelmente à criatura espiritual o tender por sua própria natureza até algum bem, a saber, até a felicidade, de maneira que de nenhum modo possa tender ao contrário. Logo, pela mesma razão, pode conferir a alguma criatura que apeteça naturalmente todo bem, de modo que não possa se inclinar ao mal.

98. ANSELMO, *De libero arbitrio*, c. 1, PL 158, 490 B.
99. Cfr. NEMÉSIO, *De natura hominis*, c. 41: PG 40, 776 A-B.
100. JOÃO DAMASCENO, *De fide orthodoxa*, II, c. 27: PG 94, 960 C.

7. Além do mais, Deus, como é o sumo bem, comunica-se sumamente; por isso, comunica à criatura tudo isso de que é capaz a criatura. Ora, a criatura é capaz dessa perfeição, que é a confirmação no bem ou a impecabilidade; o que é claro, porque concedeu isso a algumas criaturas pela graça. Logo, alguma criatura é naturalmente impecável, ou confirmada no bem.

8. Além do mais, a substância é princípio da potência; porém a potência o é da operação. Ora, há alguma criatura naturalmente imutável, segundo a substância. Logo, pode haver alguma criatura que seja natural imutável, segundo a operação, de modo que seja naturalmente impecável.

9. Além do mais, convém mais essencialmente à criatura o que lhe convém por razão do princípio a partir do qual é, do que lhe convém pela razão no qual é, porque a semelhança do efeito surge da causa da qual provém, mas tem oposição a isso pelo qual procede, porém os opostos se fazem dos opostos, como o branco pelo negro. Ora, a confirmação no bem convém a alguma criatura de Deus, na qual exista. Logo, com muito maior razão se deve dizer que a confirmação no bem é mais natural do que poder pecar, o que lhe convém, segundo que provém do nada.

10. Além do mais, a felicidade civil tem imutabilidade. Ora, o homem pode atingir a felicidade civil pela natureza. Logo, pode ter naturalmente a imutabilidade no bem.

11. Além do mais, o que insere por natureza é imutável. Ora, o homem naturalmente apetece o bem. Logo, também imutavelmente.

Ao contrário

1. Diz Damasceno[101] que a criatura racional é suscetível do mal segundo a eleição, porque a criatura provém do nada. Ora, não pode haver alguma criatura que não seja criada do nada. Logo, não pode haver alguma criatura cujo livre-arbítrio esteja naturalmente confirmado no bem.

2. Além do mais, a propriedade da natureza superior não pode convir naturalmente à natureza inferior, a não ser que se converta na natureza superior; assim como não pode ser naturalmente que a água seja cálida, a não ser que se converta na natureza do fogo ou na do ar. Ora, ter bondade indefectível é propriedade da natureza divina. Logo, não pode ser que convenha de modo natural a alguma outra natureza, a não ser que se converta na natureza divina: o que é impossível.

3. Além do mais, o livre-arbítrio não se encontra em alguma criatura, a não ser no anjo e no homem. Ora, tanto o homem como o anjo pecaram. Logo, em nenhuma criatura o livre-arbítrio está naturalmente confirmado no bem.

4. Além do mais, nenhuma criatura racional está impedida de conseguir a beatitude, a não ser por razão do pecado. Logo, se existisse alguma criatura racional naturalmente impecável, poderia atingir a beatitude por pura natureza sem a graça; o que parece compreender a heresia pelagiana.[102]

101. JOÃO DAMASCENO, *De fide orthodoxa*, II, c. 27: PG 94, 960 C.

102. Pelágio (350-425 a.C.), monge que defendeu a tese de uma absoluta e autossuficiente liberdade do homem, e que foi considerada herege e condenada, ficando conhecida como pelagianismo.

Respondo

Respondo, dizendo que nenhuma criatura existe, nem pode existir, cujo livre-arbítrio esteja naturalmente confirmado no bem, de modo que a este lhe convenha não poder pecar pelas puras naturezas. A razão disto é que pelo defeito dos princípios da ação se causa o defeito da ação; por isso, se algo existe naquele que os princípios da ação não possam falhar, nem por si, nem serem impedidos por outra coisa extrínseca, é impossível para aquela ação falhar, como é claro nos movimentos dos corpos celestes.

De fato, é possível que se falhe nas ações nas quais os princípios do agir podem falhar ou ser impedido, como fica claro nas coisas geráveis e corruptíveis, que por razão de sua mudança sofrem defeito nos princípios ativos, por isso também suas ações se tornam deficientes. Por causa disso, também nas operações da natureza ocorre frequentemente o defeito, como fica claro nos partos monstruosos.

Com efeito, diz-se que não há outro pecado, ou nas coisas naturais, ou nas artificiais, ou nas voluntárias, do que o defeito ou a desordem da própria ação, quando algum é feito, não segundo o modo que deve ser feito, como fica claro no livro II da *Física.*[103]

No entanto, a dita natureza racional dotada de livre-arbítrio difere no agir em toda natureza que atua, pois qualquer outra natureza se ordena a algum bem particular, e suas ações estão determinadas em relação àquele bem. Mas a natureza racional se ordena ao bem absoluto.

Com efeito, assim como o verdadeiro é absolutamente objeto do intelecto, assim também o bem é absolutamente objeto da vontade; e é por isso que a vontade se estende ao próprio prin-

103. ARISTÓTELES, *Physica*, II, c. 14, 199a33.

cípio universal dos bens, ao qual nenhum outro apetite pode atingir. E, por causa disso, a criatura racional não tem ações determinadas, mas tem sob si certa indiferença, em relação às ações relativas às coisas materiais.

Contudo, como toda ação provém do agente sob a razão de certa similitude, como o cálido aquece, caso haja algum agente que segundo sua ação se ordena a algum bem particular, para que sua ação seja naturalmente indefectível, será necessário que a razão daquele bem exista natural e imutavelmente nela; assim como, se o calor existisse naturalmente em algum corpo, aqueceria imutavelmente.

Por isso, também, a natureza racional, que é ordenada absolutamente ao bem por muitas ações, não pode ter naturalmente ações que não sejam deficientes em relação ao bem, a não ser que exista nela natural e imutavelmente a razão universal e o bem perfeito; o que, de fato, não pode ocorrer a não ser na natureza divina.

Pois só Deus é ato puro, pois não recebe nenhuma mistura de potência, e por isso é bondade pura e absoluta. Porém, qualquer criatura, como tem mistura de potência em sua natureza, é um bem particular. De fato, ocorre a mistura de potência com ela, porque ela provém do nada. E, então, é que entre as naturezas racionais só Deus tem livre-arbítrio naturalmente impecável e confirmado no bem. Mas é impossível que isso ocorra na criatura, porque ela provém do nada, como dizem Damasceno[104] e Gregório Nazianzo.[105] E esse é o bem particular no qual se funda a razão de mal, como diz Dionísio no capítulo IV do livro *Sobre os nomes divinos*.[106]

---

104. JOÃO DAMASCENO, *De fide orthodoxa*, II, c. 27: PG 94, 960 C.
105. Cfr. NEMÉSIO, *De natura nomini*, c. 41: PG 40, 776 A-B.
106. PSEUDO-DIONÍSIO, *De Divinis Nominibus*, cap. IV, § 20: PG 3, 721 A.

Respostas aos argumentos

1. Respondo, dizendo que as criaturas corporais, como foi dito no corpo do artigo, são ordenadas a algum bem particular por determinadas ações. E por isso, para que o erro e o pecado estejam ausentes naturalmente de suas ações, é suficiente que estejam asseguradas por sua natureza em algum bem particular; o que não é suficiente nas naturezas espirituais ordenadas de modo absoluto ao bem, como foi dito.

2. Respondo, dizendo que o ser naturalmente impecável não repugna a isso que é ter domínio de seu ato, pois uma coisa e outra convêm a Deus. Contudo, repugna isso, o fato de que possa ter domínio de seu ato na natureza criada, que é acerca de um bem particular, pois nenhuma criatura pode ter domínio de seu ato, cujas ações são determinadas e ordenadas ao bem particular.

3. Respondo, dizendo que, ainda que não seja própria da noção de potência ativa que falhe, é, porém, da noção de potência ativa que não tenha em si o princípio de suficiência e imutabilidade de sua ação, de modo que possa falhar.

4. Respondo, dizendo que, ainda que poder pecar não seja parte do livre-arbítrio, segue-se, porém, a liberdade na natureza criada.

5. Respondo, dizendo que a criatura adquire o ser determinado e particular de outro. Por isso, a criatura pode ter o ser estável e imutável, ainda que nela não se encontre naturalmente a razão de bem absoluto e perfeito. Mas por suas ações é ordenável ao bem absoluto; e, por isso, não é semelhante.

6. Respondo, dizendo que toda mente racional apetece a felicidade indeterminadamente e no universal, e acerca disso não pode falhar; mas no particular não se dá um determinado movimento da vontade da criatura para buscar a felicidade nisto ou naquilo. E assim alguém pode pecar ao apetecer a felicidade, se a busca onde não deve buscar, como quem busca a felicidade nas coisas voluptuosas. E assim ocorre em relação a todos os bens, pois nada é apetecido a não ser sob a razão de bem, como diz Dionísio.[107] Por isso, porque o apetite do bem existe naturalmente na mente, não, porém, deste ou daquele bem, por isso pode incidir em pecado.

7. Respondo, dizendo que criatura é capaz de impecabilidade, mas não de modo que ela a tenha naturalmente, por isso o argumento não procede.

8. Respondo, dizendo que o princípio da reta operação procedente do livre-arbítrio não é a única substância e virtude, ou potência. Ora, requer-se a devida aplicação da vontade às outras coisas que são externas, como ao fim e outras coisas semelhantes. E, por isso, não existindo nenhum defeito na substância da alma ou na natureza do livre-arbítrio, pode se seguir o defeito na ação do mesmo. Por isso, a impecabilidade natural não se pode concluir da imutabilidade natural da substância.

9. Respondo, dizendo que Deus é a causa da criatura não apenas quanto a suas coisas naturais, mas quanto às acrescidas sobre a natureza. Por isso não é necessário que qualquer coisa que tenha a criatura de Deus o tenha d'Ele de modo natural, mas apenas aquilo que Deus incluiu ao instituir sua natureza; e desse modo não há confirmação no bem.

---

107. PSEUDO-DIONÍSIO, *De Divinis Nominibus*, c. XV, § 19: PG 3, 716 C.

10. Respondo, dizendo que a felicidade civil, como não é a felicidade de modo absoluto, não tem imutabilidade absolutamente, mas diz-se imutável, porque não muda facilmente. Porém, se a felicidade civil fosse imutável absolutamente, não por isso se seguiria que o livre-arbítrio estivesse confirmado naturalmente no bem. Pois não dizemos natural isso que pode adquirir pelos princípios da natureza; modo pelo qual as virtudes políticas podem ser chamadas naturais; mas a aquilo que se segue por necessidade de princípios da natureza.

11. Respondo, dizendo que, ainda que o homem apeteça naturalmente o bem em geral, porém não o apetece em especial, como foi dito, na solução do argumento 6. E por essa parte incidem o pecado e o defeito.

Artigo 8

Oitavo, pergunta-se se o livre-arbítrio da criatura pode ser confirmado no bem por algum dom da graça[108]

E parece que não.

108. Outros lugares: *In II Sent.*, d. 7, q. 1, a. 1; *Sum. Theo*, I, q. 62, a. 8.

Argumentos

1. Com efeito, a graça que sobrevém à natureza não a destrói. Logo, como no livre-arbítrio da criatura existe naturalmente isso que pode se referir ao mal, parece que pela graça não se pode remover.

2. Além do mais, no poder do livre-arbítrio está usar ou não a graça, pois o livre-arbítrio não pode ser coagido pela graça. Ora, se o livre-arbítrio não usa a graça infusa, decai no mal. Logo, nenhuma graça acrescentada pode confirmar o livre-arbítrio no bem.

3. Além do mais, o livre-arbítrio tem domínio sobre seu ato. Ora, usar a graça é certo ato do livre-arbítrio. Logo, isto está no poder do livre-arbítrio, usar ou não usar; e, assim, não pode ser confirmado pela graça.

4. Além do mais, segundo isso existe no livre-arbítrio da criatura a flexibilidade ao mal, porque é criada do nada, como diz Damasceno.[109] Ora, nenhuma graça pode remover da criatura o ter sido criada do nada. Logo, nenhuma graça poderia confirmar o livre-arbítrio no bem.

5. Além do mais, diz Bernardo[110] que o livre-arbítrio é o que há de mais potente sob Deus, pois não recebe aumento da graça e da justiça, nem recebe detrimento da culpa. Ora, a confirmação no bem que sobrevém ao livre-arbítrio o aumenta, porque, segundo Agostinho,[111] nessas coisas que não são consideravelmente grandes, é o mesmo ser maior e menor. Logo, o livre-arbítrio não pode ser confirmado no bem pela graça.

6. Além do mais, como se diz no livro *Sobre as causas*,[112] *o que está em algo está nele segundo o modo disso em que está.* Ora, o livre-arbítrio, segundo sua natureza, é mutável até o bem e o mal. Logo, também a graça lhe sobrevém, se recebe de tal maneira que nele possa mudar no bem e no mal. E assim parece que não pode confirmar o mesmo no bem.

7. Além do mais, qualquer coisa que Deus acrescenta à criatura pode (como parece) conferir desde o princípio de sua condição. Logo, se o livre-arbítrio pudesse ser confirmado por alguma graça acrescentada, poderia ser confirmado por algo intrínseco à mesma criatura espiritual, quanto à condição de sua natureza. E assim estaria naturalmente confirmado no bem; o que é impossível, como foi dito. Logo, nem pela graça pode ser confirmado.

---

109. JOÃO DAMASCENO, *De fide orthodoxa*, II, c. 27: PG 94, 960 C.
110. BERNARDO, *De gratia et libero arbitrio*, c. 9: PL 182, 1016 B e c. 10: PL 182, 1019 A-B.
111. AGOSTINHO, *De Trinitate*, VI, c. 8: PL 42, 929.
112. *Liber De causis*, comm. 10 (9) e 12 (11).

Ao contrário

1. É que os santos que estão na pátria celeste estão de tal modo confirmados no bem que não podem pecar de novo. De outro modo, não estariam seguros de sua beatitude, e por consequência não seriam bem-aventurados. Ora, essa confirmação não existe neles por natureza, como foi dito no artigo precedente. Logo, isso é por graça. E, assim, o livre-arbítrio pode ser confirmado pelo dom da graça.

2. Além do mais, assim como o livre-arbítrio do homem tem por sua natureza que seja flexível ao mal, assim o corpo humano tem por sua natureza ser corruptível. Ora, o corpo humano torna-se incorruptível pelo dom da graça, 1Cor 15,53: *é necessário que este ser corruptível revista a incorruptibilidade.* Logo, o livre-arbítrio pode ser confirmado no bem pela graça.

Respondo

Respondo, dizendo que acerca dessa questão Orígenes errou.[113] Com efeito, quis que o livre-arbítrio da criatura de nenhuma maneira fosse confirmado no bem, nem nos bem-aventurados, a não ser em Cristo pela união com o Verbo. No entanto, para sustentar esse erro foi forçado a dizer[114] que a beatitude dos santos e dos anjos não era perpétua, mas que alguma vez terminaria. Do que se seguia que esta beatitude não seria verdadeira, pois a imutabilidade e a segurança são da noção de beatitude. E, por isso, é inconveniente que se siga sua posição que deve ser absolutamente reprovada. E por isso, deve-se dizer absolutamente que o livre-arbítrio pode ser confirmado no bem pela graça.

113. ORÍGENES, *Peri Archon*, 1.1, c. 8: PG 11, 178 A-B.

114. ORÍGENES, *Peri Archon*, 1.1, c. 6: PG 11, 169 C. Cfr. AGOSTINHO, *De civitate Dei*, XXI, c. 17: PL 41, 731.

Com efeito, o livre-arbítrio da criatura não pode ser confirmado naturalmente no bem por isto, porque em sua natureza não tem razão de bem perfeito e absoluto, mas de certo bem particular. No entanto, o livre-arbítrio se une a esse bem perfeito e absoluto, a saber, Deus, pela graça.

Então, se se realiza uma união perfeita, de modo que o mesmo Deus seja toda a causa de agir do livre-arbítrio, não poderá inclinar-se ao mal. De fato, isso ocorre com alguns, e principalmente com os bem-aventurados, o que fica claramente demonstrado assim: Com efeito, a vontade tende naturalmente ao bem como a seu sujeito, mas que, às vezes, tenda ao mal isso não ocorre senão porque o mal se lhe é proposto sob a espécie de bem. Pois o mal é involuntário, como diz Dionísio no capítulo IV do livro *Sobre os nomes divinos.*[115] Por isso não pode haver pecado no movimento da vontade, a saber, que apeteça o mal, a não ser que na potência apreensiva preexista um defeito, pelo qual se lhe propõe dar-se de modo duplo: de um modo, pela mesma razão; de outro, por algo extrínseco.

De fato, pelo mesmo raciocínio, porque existe nela, natural e universalmente sem erro, o conhecimento do bem no universal, tanto do bem que é fim, como do bem que é relativo ao fim; não, porém, no particular. Mas acerca disso pode errar, de modo que estime que algo que não seja seu fim seja certo fim, ou que seja útil para o fim o que não é útil.

E, por causa disso, a vontade também apetece naturalmente o bem que é fim, a saber, a felicidade em geral e, de modo semelhante, o bem que é relativo ao fim, pois cada um apetece naturalmente sua utilidade, mas o pecado da vontade se dá quando se apetece naturalmente este ou aquele fim, ou ao eleger este ou aquele útil.

115. PSEUDO-DIONÍSIO, *De divinis nominibus*, c. IV, § 32: PG 3, 732 B.

Mas o argumento é refutado e decai por algo extrínseco, quando pelas potências inferiores que se movem intensamente a algo, que é interceptada pelos atos da razão, de modo que não proponha clara e firmemente seu juízo acerca do bem à vontade. Assim como quando alguém tendo uma reta estima acerca de conservar a castidade, pela concupiscência das coisas deleitáveis, apetece o contrário da castidade, porque esse juízo da razão se ata de alguma maneira à concupiscência, como diz o Filósofo no livro VII da *Ética.* [116]

No entanto, um e outro desses defeitos são removidos totalmente dos bem-aventurados pela união deles mesmos com Deus. Pois vendo a divina essência, conhecem que o mesmo Deus é o fim maximamente amável; conhecendo a Deus não só em si, mas também enquanto é a razão das outras coisas, conhecem também todas as coisas que se unem a Ele ou que se separam d'Dele no particular. E a mente é reafirmada pela claridade desse conhecimento, enquanto que nas potências inferiores não pode surgir nenhum movimento, a não ser que seja segundo a regra da razão.

Por isso, assim como agora apetecemos imutavelmente o bem no geral, assim as mentes dos bem-aventurados apetecem imutavelmente o bem devido em particular. Contudo, sobre a inclinação natural da vontade, haverá neles uma caridade perfeita, ligando-os totalmente a Deus. Por isso, de nenhum modo o pecado poderá incidir neles; e assim serão confirmados pela graça.

Respostas aos argumentos

1. Respondo, dizendo que isso ocorre por defeito da natureza criada, que pode inclinar-se ao mal; e, então, a graça aperfeiçoa a natureza, confirmando-a no bem, removendo esse

116. ARISTÓTELES, *Ethica Nicomachea*, VII, c. 3, 1146b31 ss.

defeito, tal como a luz que sobrevém ao ar remove sua obscuridade, que permaneceria naturalmente obscuro sem a luz.

2. Respondo, dizendo que no poder do livre-arbítrio está não usar o hábito. Porém, pode isso mesmo porque o não usar o hábito pode ser proposto sob a espécie de bem. Isso pode ocorrer nos bem-aventurados, como foi dito no corpo do artigo.

3. E por isso é clara a solução ao terceiro.

4. Respondo, dizendo que, se o livre-arbítrio é criado, convém que ele não esteja confirmado naturalmente no bem, nem se lhe pode conceder pela graça o que seja confirmado naturalmente no bem pela graça. Contudo, não convém ao livre-arbítrio, como criado, poder ser confirmado no bem; assim como nem pertence ao ar, por sua natureza, de nenhum modo pode ser iluminado, mas que não seja naturalmente lúcido em ato.

5. Respondo, dizendo que Bernardo fala do livre-arbítrio quanto à liberdade de coação, que não recebe nem intensidade, nem diminuição.

6. Respondo, dizendo que disso que se recebe em outro pode ser considerado tanto no ser como na razão. De fato, segundo seu ser está nele no qual recebe por modo do recipiente, porém, contudo, o mesmo que recebe o traz para a sua natureza; assim como o calor recebido na água tem o ser na água pelo modo da água, enquanto, a saber, existe na água como o acidente no sujeito; porém torna a água a sua natural disposição para que seja cálida e faça o ato de calor; e, de modo semelhante, a luz em relação ao ar, ainda que não contra a natureza do ar. Assim também a graça segundo seu ser está no livre-arbítrio pelo modo dele, como o acidente no sujeito; porém, contrai o livre-arbítrio com a natureza de sua imutabilidade, unindo-o ao mesmo Deus.

7. Respondo, dizendo que o bem perfeito, que é Deus, pode estar unido à mente humana pela graça, não, porém, pela natureza; e, por isso, o livre-arbítrio pode ser confirmado no bem pela graça, não porém pela natureza.

Artigo 9

Nono, pergunta-se se o livre-arbítrio do homem, no estado da vida presente, pode ser confirmado no bem[117]

E parece que não.

117. Não há outras referências específicas desse tema em Tomás.

Argumentos

1. Com efeito, o princípio nas coisas apetecíveis é o fim, como diz o Filósofo no livro VII da *Ética*,[118] assim como os princípios nas coisas especulativas são as definições.[119] Ora, nas coisas especulativas o intelecto não se confirma na verdade, tomando a certeza da ciência, a não ser que se faça a resolução às primeiras definições. Logo, nem o livre-arbítrio pode ser confirmado no bem, a não ser depois de atingir o fim último. Ora, isso não ocorre no estado da vida presente.[120] Logo, o livre-arbítrio no estado da vida presente não pode ser confirmado no bem.

118. ARISTÓTELES, *Ethica Nicomachea*, VII, c. 8, 1151a16.

119. Por *dignitates*, aqui, deve se entender aquilo que corresponde ao mais nobre do conhecimento intelectivo, que a partir dos seus primeiros princípios do conhecimento chega aos axiomas, hipóteses e conclusões, sendo aqui referente às *definições*, que são constituídas a partir dos princípios evidentes por si e mediante as quais se chegam às conclusões.

120. Optamos traduzir *in statu viae* por "no estato da vida presente", para delimitar o fato de que se trata da vida presente, enquanto a vivemos aqui e agora; e não o estado da vida futura, que não vivemos ainda, e que se dá somente depois da morte.

2. Além do mais, a natureza humana não é melhor do que a angélica. Ora, antes do estado de glória, não foi conferida a confirmação do livre-arbítrio no anjo. Logo, nem deve ser conferida aos homens.

3. Além do mais, o movimento não se aquieta, a não ser no fim. Ora, o livre-arbítrio não atinge o seu fim quando está no estado da vida presente. Logo, nem aquieta sua mutabilidade pela qual pode inclinar-se ao bem e ao mal.

4. Além do mais, enquanto algo é imperfeito pode falhar. Ora, a imperfeição não é removida dos homens enquanto estão no estado da vida presente: *agora vemos em espelho e de maneira confusa*, como se diz em 1Cor 13,12. Logo, enquanto o homem estiver no estado da vida presente, pode falhar pelo pecado.

5. Além do mais, enquanto alguém está em estado de merecer, não se deve subtrair o que aumenta o mérito. Ora, poder pecar aperfeiçoa para o mérito; por isso no louvor do varão justo se diz em Eclo 31,10: *quem podia pecar e não pecou, fazer o mal e não o fez*? Logo, enquanto o homem está no estado da vida presente, no que pode merecer, seu livre-arbítrio não deve ser confirmado no bem.

6. Além do mais, assim como o defeito do livre-arbítrio é pecado, assim o defeito do corpo é a corrupção. Ora, o corpo do homem não se faz incorruptível no estado da vida presente. Logo, nem o livre-arbítrio do homem no estado da vida presente pode ser confirmado no bem.

Ao contrário

1. É que a bem-aventurada Virgem, no estado da vida presente, foi confirmada no bem, pois nela, como se diz Agostinho,[121] quando se trata de pecado, não se deve fazer menção.

2. Além do mais, os apóstolos foram confirmados no bem pelo advento do Espírito Santo, como parece pelo que se diz no Sl 74,4: *Eu mesmo firmei suas colunas*; o qual a Glosa[122] atribui aos apóstolos.

Respondo

Respondo, dizendo que alguém pode ser confirmado no bem de dois modos. De um modo, absolutamente, assim, a saber, que tenha em si o princípio suficiente de sua firmeza de maneira que não possa pecar de modo algum. E, assim, os bem-aventurados são confirmados no bem pela razão dita no artigo precedente.

De outro modo, diz-se que alguns estão confirmados no bem porque se lhes é dado o dom da graça, pelo qual são inclinados ao bem, e que não podem se separar facilmente do bem; porém, não por isso retraem-se do mal, de modo que não possam pecar, a não ser custodiando a divina providência. Assim como se diz da imortalidade de Adão, que é posto como imortal, não porque algo extrínseco possa lhe protegido totalmente de tudo exterior que lhe seja mortífero, como da incisão da espada e de outras coisas semelhantes, em relação às quais, porém, é conservado pela divina providência. E deste modo, alguns no estado

121. AGOSTINHO, *De natura et gratia*, c. 36: PL 44, 267; *Sum Theo*, I, q. 27, a. 4.
122. PEDRO LOMBARDO, *Glossa*: PL 191, 700 B.

da vida presente podem ser confirmados no bem, e não no primeiro modo, o que fica claro.

Com efeito, alguém não pode tornar-se totalmente impecável, a não ser que se retire toda origem do pecado. Ora, a origem do pecado é ou pelo erro da razão, que é capaz de falhar no particular acerca do fim do bem e acerca das coisas úteis, que apetece naturalmente no universal; ou porque o juízo da razão é interceptado por alguma paixão das potências inferiores. Contudo, ainda que se possa conceder a alguém no estado da vida presente[123] que a razão não erre, de modo algum, acerca do fim do bem e acerca das coisas úteis no particular, pelo dom da sabedoria e do conselho, todavia, isso não pode interceptar o juízo da razão, pois excede o estado da vida presente, por duas razões. A primeira e principal, porque é impossível que a razão esteja sempre em ato de reta contemplação no estado da vida presente, de tal modo que todas as ações da razão estejam voltadas para Deus, o que é impossível. Segunda, porque no estado da vida presente, não acontece que as potências inferiores subjazam a razão, de modo que o ato da razão nunca seja impedido por elas, a não ser no Senhor Jesus Cristo, que viveu simultaneamente o estado da vida presente e o da beatitude.[124]

Contudo, o homem pode estar unido ao bem desta vida pela graça, de modo que não possa pecar, a não ser muito dificilmente, porque as potências inferiores são refreadas pelas virtudes infusas, e a vontade se inclina mais fortemente para Deus, e a razão se aperfeiçoa na contemplação da verdade divina, cuja continuação, que provém do fervor do amor, afasta o homem do pecado. Mas

123. Optamos traduzir *viator*, que é tomado como sinônimo de *in statu viae*, por "no estado da vida presente", em oposição à vida depois da morte.

124. O termo *comprehensor* faz referência àquele que compreende e, mais apropriadamente, que contempla, no sentido de contemplador da face divina. Isso não significa senão o estado de beatitude, de santidade, no qual se contempla a face de Deus, o que, à exceção de Cristo, nós não alcançamos perfeita e completamente nesta vida.

tudo que lhe falta para a confirmação se completa pela custódia da divina providência naqueles que são ditos confirmados, a saber, que todas as vezes que se apresenta a ocasião de pecado, a mente deles é incitada por inspiração divina para resistir.

Respostas aos argumentos

1. Respondo, dizendo que o afeto atinge o fim não só quando possui perfeitamente o fim, mas também quando, de algum modo, o deseja intensamente; e, então, alguém de algum modo pode ser confirmado no bem no estado da vida presente.

2. Respondo, dizendo que os dons da graça não seguem por necessidade à ordem da natureza; e, por isso, ainda que a natureza humana não seja mais digna do que a angélica, porém a graça concedida a algum homem é maior do que a de algum anjo, como a da bem-aventurada Virgem, e também de Cristo homem. Ora, a confirmação no bem convinha à bem-aventurada Virgem, porque era a mãe da divina sabedoria, *pelo que nada de impuro nela se introduz*, como se diz em Sb 7,25. De modo semelhante, também, convinha aos apóstolos, porque eram como o fundamento e a base de todo o edifício eclesiástico; por isso era necessário que fossem firmes.

3. Respondo, dizendo ao terceiro tal como foi dito ao primeiro.

4. Respondo, dizendo que por aquela razão pode se concluir que não existe ninguém no estado da vida presente que esteja totalmente confirmado, como nem totalmente perfeito; mas pode-se dizer que alguém está de algum modo confirmado, como também perfeito.

5. Respondo, dizendo que poder pecar não se refere ao mérito, mas à manifestação de mérito, enquanto mostra que a boa obra é voluntária. E, por isso, põe-se entre os louvores do varão justo, porque o louvor é manifestação da virtude.

6. Respondo, dizendo que a corrupção do corpo se refere materialmente ao mérito, na medida em que alguém usa dela de modo paciente; e, por isso, a graça não a remove do homem, que existe no estado de merecer.

Resposta ao contrário

Em relação aos outros argumentos contrários, é clara a solução pelo dito.

Artigo 10

Décimo, pergunta-se se o livre-arbítrio de alguma criatura pode estar obstinado no mal, ou firmado imutavelmente[125]

E parece que não.

125. Outros lugares: *In II Sent.*, d. 7, q. 1, a. 2; *De Malo*, q. 16, a. 5; *Sum. Theo*, I, q. 64, a. 2.

Argumentos

1. Com efeito, como diz Agostinho no livro XI da *Cidade de Deus*,[126] o pecado é contra a natureza. Ora, nada que é contra a natureza é perpétuo, segundo o Filósofo no princípio do *Sobre o Céu e o Mundo.*[127] Logo, o pecado não pode permanecer de modo perpétuo no livre-arbítrio.

2. Além do mais, a natureza espiritual é mais poderosa do que a corporal. Ora, se acrescentasse à natureza corporal algum acidente preternatural,[128] esse se voltaria para isso que é conveniente à sua natureza, a não ser que aquele acidente acrescentado fosse conservado de um modo contínuo por qualquer causa agente; assim como ocorre com a água que aquece, e que volta a frieza natural, a não ser que haja algo perpétuo que a conserve

126. AGOSTINHO, *De civitade Dei*, XI, c. 17: PL 41, 331.

127. ARISTÓTELES, *De caelo et mundo*, I, c. 4, 269b7 ss.

128. Por *preternatural* entende-se algo que transcende à natureza, mas não é contrária à mesma. Assim, algo pode advir sobre a natureza, dado a ela como acidente, mas como algo dado de modo sobrenatural.

no calor. Logo, também a natureza espiritual do livre-arbítrio, se lhe ocorresse incorrer em pecado, não permaneceria sujeita ao pecado de modo perpétuo, mas que alguma vez voltaria ao estado de justiça, a não ser que se lhe assinalasse outra causa que conservasse de modo perpétuo a malícia nele; o que não se deve assinalar, como parece.

3. Mas se poderia dizer que a causa do pecado que induz e conserva é tanto interior quanto exterior: interior é a própria vontade; exterior é o próprio objeto da vontade, que, a saber, alicia para o pecado. – Mas, ao contrário, a coisa que está fora da alma é boa. Ora, o bem não pode ser causa do mal, a não ser por acidente. Logo, a coisa que existe fora da alma não é causa do pecado, a não ser por acidente.

No entanto, toda causa por acidente se reduz à causa que é substancial; e, assim, é necessário colocar algo que seja causa por si do pecado, que não pode ser senão a vontade. Contudo, a vontade, quando se inclina a algo, permanece nela a faculdade de tender ao oposto, pois àquilo que ela se inclina, sua natureza não a remove, razão pela qual a vontade pode referir às coisas opostas. Logo, nem a vontade, nem alguma outra coisa pode ser causa de fazer o livre-arbítrio pecar de modo imutável e o aderir como de maneira necessária.

4. Além do mais, segundo o Filósofo no livro V da *Metafísica*,[129] o necessário é duplo: um, necessário por si mesmo; outro, necessário por outro. Contudo, o pecado que está no livre-arbítrio não pode ser necessário como isso que tem a necessidade por si mesmo, porque isso é só de Deus, como diz Avicena.[130] Tampouco, novamente, é necessário como tendo a necessidade por outro, porque todo esse tipo de necessário se reduz a isso que

129. ARISTÓTELES, *Metaphysica*, V, c. 6, 1015b9.

130. AVICENA, *Metaphysica*, VIII, c. 4, f. 98 vb.

é necessário por si mesmo; porém, Deus não pode ser causa do pecado. Logo, de nenhum modo pode ser necessário que o livre-arbítrio possa permanecer no pecado. E, assim, nenhum livre-arbítrio da criatura adere imutavelmente ao pecado.

5. Além do mais, Agostinho no livro V da *Cidade de Deus*,[131] parece distinguir uma dupla necessidade: uma, que elimina a liberdade, fazendo que algo não esteja em nosso poder, o que se diz necessidade de coação; outra, que não elimina a liberdade, que é a inclinação natural. Ora, não é necessário que esta necessidade do pecado exista no livre-arbítrio, pois não é natural, mas antes contra a natureza. De modo semelhante, nem a primeira, porque então se removeria a liberdade de arbítrio. Logo, de nenhum modo é necessário; e assim o mesmo que antes.

6. Além do mais, diz Anselmo[132] que o livre-arbítrio é *poder de conservar a retidão da vontade por si mesma*. Logo, se existe algum livre-arbítrio que não possa ter retidão de vontade, perderá a razão da própria natureza, o que é impossível.

7. Além do mais, o livre-arbítrio não é suscetível de mais e de menos. Ora, o livre-arbítrio que não pode se dirigir ao bem é menos do que aquele que pode. Logo, não há nenhum livre-arbítrio que não possa se dirigir ao bem.

8. Além do mais, assim como se refere o movimento natural à quietude natural, assim também se refere o movimento voluntário à quietude voluntária. Ora, segundo o Filósofo,[133] se o movimento é natural, também a sua quietude é natural; e se o movimento é voluntário, também a sua quietude é voluntária.

131. AGOSTINHO, *De civitate Dei*, V, c. 10: PL 41, 152.

132. ANSELMO, *De libero arbitrio*, c. 3: PL 158, 494 B; *Ibidem*, c. 13: PL 158, 50.

133. ARISTÓTELES, *Physica*, V, c. 10, 230b10 ss.

Ora, o movimento pelo qual se comete o pecado é voluntário. Logo, também a quietude pela qual se persiste no pecado é voluntária, logo não é necessária.

9. Além do mais, assim como o intelecto refere-se ao verdadeiro e ao falso, assim o afeto, ao bem e ao mal. Ora, o intelecto nunca se insere no falso, de tal maneira que não possa ser reduzido ao conhecimento da verdade. Logo, o afeto nunca inere no mal de tal maneira que não possa ser reduzido ao amor do bem.

10. Além do mais, segundo Anselmo no livro *Sobre o livre-arbítrio*,[134] poder pecar não é próprio da liberdade, nem parte da liberdade. Logo, o ato essencial do livre-arbítrio é poder se referir ao bem. Portanto, se o livre-arbítrio de alguma criatura não pudesse se referir ao bem, existiria em vão, pois cada coisa existe em vão se for destituída do ato próprio, porque cada coisa existe por causa da sua operação, como diz o Filósofo no livro II do *Sobre o céu e o mundo.*[135]

11. Além do mais, o livre-arbítrio não pode se dirigir senão ao bem ou ao mal. Logo, se poder pecar não fosse liberdade, nem parte da liberdade, restaria que toda a liberdade seria para fazer o bem; e, assim, a criatura que não pudesse fazer o bem, nada teria de liberdade. E, assim, o livre-arbítrio não pode estar de tal modo confirmado no mal, que de nenhum modo possa fazer o bem.

12. Além do mais, segundo Hugo de São Vítor,[136] a mudança que é segundo os acidentes não muda algo essencial da

134. ANSELMO, *De libero arbitrio*, c. 1: PL 158, 490 B.
135. ARISTÓTELES, *De caelo et mundo*, II, c. 4, 286a8.
136. HUGO DE SÃO VÍTOR, *Eruditionis Didascalicae*, VII, c. 19: PL 176, 827 D.

coisa. Ora, poder fazer o bem é essencial ao livre-arbítrio, como foi provado no artigo 7 desta questão. Logo, como o pecado sobrevém acidentalmente sobre o livre-arbítrio, não poderá ser mudado, de tal maneira que não possa se inclinar ao bem.

13. Além do mais, as coisas naturais, como se diz comumente, se enfraquecem pelo pecado, mas não são removidas totalmente. Ora, poder inclinar-se ao bem é natural ao livre-arbítrio. Logo, nunca se afirma que se fica obstinado no mal pelo pecado, de tal modo que não possa inclinar-se ao bem.

14. Além do mais, se o pecado causasse no livre-arbítrio a obstinação no mal, ou faria isso subtraindo algo das coisas naturais, ou acrescentando. Ora, não subtraindo: porque nos demônios permanecem íntegros os dons naturais, como diz Dionísio no capítulo IV dos *Sobre os nomes divinos.*[137] De modo semelhante, nem acrescentando, porque, como aquilo que se acrescenta é acidente, é necessário que seja acrescido segundo o modo do que recebe; e, assim, como o livre-arbítrio pode se inclinar a um e outro, não se torna por causa disso inserido imutavelmente no mal. Logo, de nenhum modo o livre-arbítrio pode ser confirmado totalmente no mal.

15. Além do mais, diz Bernardo[138] que é impossível que a vontade não obedeça a si mesma. Ora, o pecado é o ato que se comete querendo. Logo, é impossível que o livre-arbítrio não possa querer o bem, se quer. Ora, o que pode alguém, se ele quiser, não lhe é impossível. Logo, para qualquer um que tenha livre-arbítrio da vontade, não é impossível fazer o bem.

16. Além do mais, a caridade é mais forte do que a cupidez que leva ao pecado, porque a caridade ama mais a lei de Deus

---

137. PSEUDO-DIONÍSIO, *De divinis nominibus*, c. IV, § 23: PG 3, 725 C.

138. BERNARDO, *De gratia et libero arbitrio*, c. 2: PL 182, 1004 B.

do que a cupidez de milhares de ouro e prata, como se diz na Glosa[139] sobre o Sl 118,72: *a lei da tua boca é um bem para mim*, etc. Ora, os demônios, ou também os homens, caíram da caridade no pecado. Logo, com maior razão podem voltar do pecado ao apetite do bem; e, assim, o mesmo que antes.

17. Além do mais, a bondade e a retidão do apetite se opõem a sua obstinação. Ora, os demônios e os condenados têm um apetite bom e reto, porque também apetecem o ótimo, a saber, viver e inteligir, como diz Dionísio.[140] Logo, eles não têm o livre-arbítrio obstinado no mal.

18. Além do mais, Anselmo no livro *Sobre o livre-arbítrio*,[141] investiga a mesma noção de livre-arbítrio em Deus, no anjo e no homem. Ora, o livre-arbítrio de Deus não pode estar obstinado no mal. Logo, nem no anjo, nem no homem.

Ao contrário

1. É que à felicidade dos bem-aventurados se opõe a miséria dos condenados. Ora, convém à felicidade dos bem-aventurados que eles possuam o livre-arbítrio, de tal maneira firmado no bem que de nenhum modo possam se desviar para o mal. Logo, também à miséria dos condenados pertence que estejam confirmados de tal maneira no mal, que de nenhum modo possam desviar-se para o bem.

2. Além do mais, Agostinho diz o mesmo expressamente no livro *Sobre a fé a Pedro.*[142]

139. *Glosa* de Pedro Lombardo sobre o Salmo 118, 72: PL 191, 1079 A.
140. PSEUDO-DIONÍSIO, *De divinis nominibus*, c. 4, § 23: PG 3, 725 C.
141. ANSELMO, *De libero arbitrio*, c. 1: PL 158, 490.
142. V. FULGÊNCIO, c. 3, n. 33: PL 40, 763.

3. Além do mais, não é clara a volta do pecado ao bem a não ser pela penitência. Ora, no anjo mau não se dá a penitência. Logo, está imutavelmente confirmado no mal. Prova a premissa do meio. Nele não parece que convenha a penitência porque peca por malícia. Ora, o anjo pecou por malícia, porque, como tinha um intelecto deiforme,[143] ao considerar alguma coisa intui simultaneamente todas as que pertencem àquela coisa: e, assim, não pode pecar, exceto por certa ciência. Logo, nele não se dá a penitência.

4. Além do mais, segundo Damasceno,[144] *o que é morte para os homens é a queda para os anjos*. Ora, os homens, depois da morte, não são capazes de penitência. Logo, nem os anjos, depois da queda. Prova da premissa do meio. Agostinho diz no livro XXII *da Cidade de Deus*:[145] *porque depois desta vida não haverá lugar para a conversão para os que morreram sem a graça, não se faça nenhuma oração para eles*; e, assim, fica claro que os homens, depois da morte, não são capazes de penitência.

Respondo

Respondo, dizendo que acerca dessa questão se encontra o erro de Orígenes, pois ele defendeu que depois de um longo tempo percorrido, tanto os demônios, quanto os homens condenados, sofreriam o retorna à justiça. E era movido a manter isso pela liberdade de arbítrio. De fato, essa sentença desagradou todos os doutores católicos, como diz Agostinho no livro XII

143. O termo *deiforme* tem por base a analogia ao conhecimento do intelecto angélico e humano, ou seja, o intelecto capaz de conhecer a Deus tal como Deus é em si mesmo, de contemplá-lo; torna o intelecto semelhante ao próprio Deus, uma vez que Deus é a forma inteligível informada ao intelecto. Cf. *Sum. Theo.* I, q. 12, a. 5, c.

144. JOÃO DAMASCENO, *De fide orthodoxa*, II, c. 4: PG 94, 877 C.

145. AGOSTINHO, *De civitate Dei*, XXI, c. 24: PL 41, 737.

da *Cidade de Deus*,[146] não porque vissem mal a salvação dos demônios e dos homens condenados, mas porque, por igual razão, seria necessário dizer que a justiça e a glória dos bem-aventurados anjos e dos homens, em algum momento, terminariam: pois em Mt 25,46 mostra-se que tanto a glória dos bons como a miséria dos condenados é perpétua, como se diz: *e irão estes para o castigo eterno, enquanto os justos irão para a vida eterna*; o qual também Orígenes parecia saber. Por isso, deve-se conceder absolutamente que o livre-arbítrio dos mesmos demônios está de tal maneira obstinado no mal que não pode voltar a querer o bem.

De fato, a razão disso pode ser tomada daquela parte de onde é causada a liberdade do pecado, para a qual concorrem duas coisas: a graça divina, operando principalmente, e a vontade humana, cooperando com a graça, porque segundo Agostinho[147] *quem te criou sem ti não te salvará sem ti*. Portanto, a causa da obstinação no mal deve ser tomada em parte de Deus e em parte do livre-arbítrio.

De fato, da parte de Deus não como fazendo ou conservando a malícia, mas como não concedendo a graça, o que, de fato, requer a sua justiça, pois é justo que aqueles que, enquanto puderam e não quiseram querer bem, sejam conduzidos a essa miséria, de modo que não possam totalmente querer bem.

Contudo, por parte do livre-arbítrio deve ser tomada a causa da reversibilidade ou irreversibilidade do pecado, segundo essas coisas nas quais o homem incide no pecado. Ora, como naturalmente inere em qualquer criatura o apetite do bem, ninguém é induzido ao pecado, a não ser sob alguma espécie de bem aparente. Com efeito, ainda que o fornicador saiba no universal que a fornicação é um mal, porém, quando consente na fornicação, estima que a fornicação é para ele um bem para fazer agora.

146. AGOSTINHO, *De civitate Dei*, XXI, c. 17: PL 41, 731.

147. Cfr. AGOSTINHO, *Sermo* 169, c. 11: PL 38, 923; Cfr. GUILLERMO ALTISSIODORENSI, *Summa aurea*, III, tr. 2, c. 2, f. 129 ra.

De fato, nessa consideração, três coisas devem ser examinadas. Das quais a primeira é o próprio ímpeto da paixão, por exemplo, da concupiscência ou da ira, pela qual se intercepta o juízo da razão de modo que o ato não julgue no particular o que no universal tem o hábito, mas que siga a inclinação da paixão, de modo que consinta naquilo ao que a paixão tende como bom por si. A segunda é a inclinação do hábito, que é pois como quase ter certa natureza, como diz o Filósofo,[148] que o costume é outra natureza, e Cícero na *Retórica*,[149] que a virtude consente com a razão no modo da natureza; também, por igual razão, o hábito do vício inclina, como certa natureza, a isso que é conveniente para si, por isso que faz que, tendo o hábito da luxúria, se veja bem aquilo que convém à luxúria, como conatural. E isso é o que diz o Filósofo no livro III da *Ética*,[150] que tal como cada um é, tal lhe parece o fim. A terceira é a falsa consideração da razão no particular elegível, que, de fato, provém ou das demais coisas já ditas, a saber, do ímpeto das paixões ou da inclinação do hábito, ou também da ignorância do universal, como quando alguém está nesse erro do qual a fornicação não é pecado.

Portanto, contra o primeiro desses pontos, o livre-arbítrio tem um remédio que pode separar-se do pecado. Com efeito, aquele no qual está o ímpeto da paixão tem uma reta estima de fim, que é como o princípio nas coisas operáveis, como diz o Filósofo no livro VI da *Ética*.[151] Por isso, assim como o homem por verdadeira estima que tem do princípio pode afastar de si alguns erros que padece acerca das conclusões, assim também, mediante isso que é retamente disposto acerca do fim, pode repelir de si todo ímpeto das paixões; por isso diz o Filósofo no livro VII da *Ética*,[152] que *o incontinente, que peca por paixão, é punível e sanável.*

148. ARISTÓTELES, *De memoria et reminiscentia*, I, c. 6, 452a27.

149. CÍCERO, *De inverinone*, II, c. 53, n. 159.

150. ARISTÓTELES, *Ethica Nicomachea*, III, c. 7, 1114a32.

151. ARISTÓTELES, *Ethica Nicomachea*, VI, c. 4, 1140b16.

152. ARISTÓTELES, *Ethica Nicomachea*, VII, c. 8, 1150b30.

De modo semelhante, tem um remédio contra a inclinação do hábito. Com efeito, nenhum hábito corrompe todas as potências da alma e, assim, como uma potência é corrompida pelo hábito, porque permanece algo de retidão nas outras potências, o homem é induzido a meditar e a fazer essas coisas que são contrárias ao hábito; como se alguém tem a potência concupiscível pelo hábito da luxúria, pela mesma potência irascível é incitado a algo, acrescentando o árduo, cujo exercício remove a moleza da luxúria; assim como diz o Filósofo nas *Categorias*,[153] que *o depravado conduzido a melhores exercícios chega a ser melhor*. Contra o terceiro ponto, tem também um remédio, porque o homem recebe como racionalmente, isto é, por via de investigação e comparação. Por isso, quando a razão erra em algo, por qualquer erro que lhe ocorra, pode ser removido por raciocínios contrários; e, então, é por isso que o homem pode desistir do pecado.

Porém, no anjo não pode dar-se o pecado de paixão, porque, segundo o Filósofo no livro VII da *Ética*,[154] a paixão não está senão na parte sensível da alma, a qual os anjos não têm. Por isso, no pecado do anjo ocorrem apenas duas coisas: a saber, a inclinação habitual até o pecado e a falsa estima da potência cognoscitiva acerca do particular elegível.

Contudo, como nos anjos não há muitas potências apetitivas, como ocorre nos homens, quando seu apetite tende até algo, inclina-se totalmente até aquilo de modo que não tenha nenhuma outra inclinação ao contrário. De fato, porque não possuem a potência racional, mas só o intelecto, qualquer coisa que estimam tomam-na inteligivelmente. Ora, o que se toma inteligivelmente toma-se irreversivelmente, como quando alguém considera que o todo é maior que sua parte. Por isso, os anjos

153. ARISTÓTELES, *Categoriae*, c. 10, 13a23. [*Categorias*, obra disponível em *Clássicos Edipro*. (N.E.)]

154. Cfr. ARISTÓTELES, *Physica*, VII, c. 6, 248b27.

que tomam de modo semelhante a estima, não podem cair, seja por coisas verdadeiras ou pelas falsas. Logo, fica claro que das coisas ditas, a causa da confirmação no mal dos demônios depende de três coisas, das quais também se reduzem todas as razões assinaladas pelos doutores.[155]

A primeira, e principal, é a justiça divina. Por isso, por causa da obstinação deles se assinala que, porque não caíram por outro, não devem ressurgir por outro, ou se há alguma outra coisa desse tipo que pertença à congruência da divina justiça. A segunda, é a indivisibilidade da potência apetitiva. Por isso, alguns dizem que, porque o anjo é simples, aquilo ao qual se converte, converte-se totalmente; o qual é necessário entender não da simplicidade da essência, mas da simplicidade que remove a divisão das potências de um gênero. Terceira, é o conhecimento intelectivo. E isso é o que alguns dizem: que por isso os anjos pecaram, porque pecaram contra um intelecto deiforme.

Respostas aos argumentos

1. Respondo, dizendo que algo se diz naturalmente de dois modos. De um modo, quando se tem o princípio suficiente do qual se segue por necessidade, a não ser que algo o impeça; assim como é natural para a terra mover-se para baixo; e sobre isso entende o Filósofo,[156] que nada que é contra a natureza é perpétuo.

De outro modo, diz-se que uma coisa é natural a outra, porque tem uma inclinação natural até aquela, ainda que em si não tenha um princípio suficiente do qual isso se siga necessariamente, tal como se diz que é natural à mulher conceber um filho, que, porém, não pode, exceto se receber o sêmen do marido.

155. ALEXANDRE DE HALE, *Summa Theologica*, II-II, ss., n. 75.

156. ARISTÓTELES, *De caelo el mundo*, I, c. 4, 269b4.

Contudo, aquilo que é contra isso que é natural, nada proíbe que seja perpétuo como, por exemplo, que alguma mulher permaneça, de modo perpétuo, sem prole. Ora, desse modo é natural ao livre-arbítrio tender ao bem, e pecar é contra a natureza. Por isso o argumento não procede. Ou se deve dizer que, ainda que o pecado seja contra a natureza da mente racional, considerada segundo sua instituição, porém segundo que aderiu ao pecado, esse efeito lhe é como natural, como diz Agostinho no livro *Sobre a perfeição da justiça.*[157] Porém, diz o Filósofo no livro IX da *Ética*,[158] que, quando o homem passa da virtude ao vício, faz como outro, por isso que passa como para outra natureza.

2. Respondo, dizendo que se dá de modo diferente a natureza corporal e a espiritual. Com efeito, a natureza corporal está determinada a um único gênero; e, por isso, não pode se converter em nada natural, a não ser que a sua natureza se corrompa totalmente; assim como o calor natural não pode converter-se em água, a não ser que se corrompa nela a espécie da água; e, então, é por isso que volta à sua natureza, removido o impedimento.

Ora, a natureza espiritual é criada indeterminada quanto ao seu ser segundo, e é capaz de tudo; assim como se diz no livro III de *Da alma*,[159] que a alma é de certo modo todas as coisas. E, por isso, que se adere a algo se torna um com ele, assim como o intelecto se faz, de certo modo, entendendo o próprio inteligível, e a vontade amando o próprio apetecível.

E, assim, ainda que a inclinação da vontade se dirija naturalmente a um, porém pode voltar-se naturalmente ao contrário por amor disso, até o ponto de não voltar à primeira disposição, exceto que atue alguma causa que faça isso. E, deste modo, o pecado se torna como natural àquele que adere ao pecado. Por

157. AGOSTINHO, *De perfectione iustitiae*, c. 2: PL 44, 294.
158. ARISTÓTELES, *Ethica Nicomachea*, IX, c. 4, 1166a20.
159. ARISTÓTELES, *De anima*, III, c. 8, 431b21.

isso, nada impede que o livre-arbítrio permaneça no pecado de modo perpétuo.

3. Respondo, dizendo que a vontade é causa do pecado por si mesma e, também, por ela mesma o pecado é conservado; ainda que essa a princípio se refira a cada um igualmente, porém, depois que se sujeita ao pecado, o pecado se torna para ela como natural. E por isso, quanto ao que depende de si, permanece imutavelmente naquele.

4. Respondo, dizendo que essa necessidade de permanecer no pecado se reduz em Deus, como na causa, de dois modos: de um modo, por parte de sua própria justiça, como foi dito no corpo do artigo, enquanto, a saber, não acrescenta a graça que salva. De outro modo, enquanto que funda uma natureza tal que possa pecar e que, depois, teria a necessidade de sujeitar-se ao pecado, pela condição de sua natureza, que permanece no pecado.

5. Respondo, dizendo que, sendo o pecado quase um efeito natural da mente racional, aquela necessidade não será de coação, mas como a de uma inclinação natural.

6. Respondo, dizendo que o poder de conservar a retidão da vontade, quando se tem, insere em tudo que tem livre-arbítrio, como diz Anselmo.[160] Contudo, os demônios e os outros condenados não podem conservá-la, pois não a têm.

7. Respondo, dizendo que o livre-arbítrio, segundo que se diz livre de coação, não é suscetível de mais e menos; mas considerada a liberdade em relação ao pecado e à miséria, diz-se que em um estado há mais do que no outro.

---

160. ANSELMO, *De libero arbitrio*, c. 3: PL 158, 494 B; *ibidem*, c. 13: PL 158, 505 A.

8. Respondo, dizendo que o efeito da natureza sempre é natural; e, então, é por isso que sua ação e movimento sempre terminam na quietude natural. Ora, a ação e o movimento da vontade podem terminar no efeito e quietude natural, enquanto a vontade e arte ajudam a natureza; por isso, pode haver movimento voluntário e o efeito, ou quietude consequente, será natural e terá necessidade; assim como à ferida voluntária se segue a morte natural e necessária.

9. Respondo, dizendo que o intelecto do anjo, se toma alguma falsa estima, não pode deixá-la pela razão dita acima, no corpo do artigo. Por isso, o argumento procede de uma falsa suposição.

10. Respondo, dizendo que, ainda que algo seja colocado próximo do fim, porém não se segue que seja completamente em vão, porque ainda permanece a ordem ao fim último: e, por isso, ainda que o livre-arbítrio seja colocado na operação boa, a qual se ordena naturalmente, porém, não é em vão; porque isso mesmo ocorre em relação à glória de Deus, que é o fim último, enquanto por isso se declara sua justiça.

11. Respondo, dizendo que o pecado não é cometido pelo livre-arbítrio, a não ser pela eleição aparente do bem; por isso, em qualquer ação de pecado, permanece algo de bem. E, quanto a isso, conserva-se a liberdade. Com efeito, removida a espécie de bem, a eleição, que é ato do livre-arbítrio, cessaria.

12. Respondo, dizendo que possuir o bem não é essencial ao livre-arbítrio, como convém pertencer ao ser primeiro, mas ao segundo. Contudo, Hugo fala dessas coisas que são essenciais, quanto ao primeiro ser da coisa.

13. Respondo, dizendo que aquela razão procede do natural que é da constituição da natureza, porém não do natural ao qual a natureza se ordena; e a esse modo é natural poder fazer o bem.

14. Respondo, dizendo que o pecado que advém do livre-arbítrio não admite algo das coisas essenciais, porque assim a espécie do livre-arbítrio não permaneceria; mas pelo pecado se acrescenta algo, a saber, certa união do livre-arbítrio com um fim perverso, que o torna, de certo modo, natural. E, por isso, tem também necessidade das outras coisas que são naturais ao livre-arbítrio.

15. Respondo, dizendo que a vontade sempre, de algum modo, obedece a si mesma, como quando um homem quer qualquer coisa, quer aquilo que quer. Contudo, de certo modo, não se obedece sempre, enquanto, a saber, alguém não quer perfeita e eficazmente o que queria, se perfeita e eficazmente quisesse querer, como diz Agostinho.[161] E se a vontade dos demônios obedecesse a si mesma, não se seguiria que por causa disso estivesse confirmado no mal; porque é impossível que ele queira por seu querer o que é eficazmente o bem; por isso, se a condicional também fosse verdadeira, não se seguiria que o consequente fosse possível, uma vez que o antecedente é impossível.

16. Respondo, dizendo que a caridade é mais forte do que o pecado, quanto ao que depende de si, se se faz a comparação de um com outro, segundo o mesmo modo de ter; de maneira que, a saber, de cada parte se toma o livre-arbítrio para chegar ao término ou para isto enquanto existe no estado da vi-

161. AGOSTINHO, *De gratia et libero arbitrio*, c. 15: PL 44, 899; Cfr. HUGO DE SÃO VÍTOR, *Summa Sententiarum*, tr. 3, c. 9: PL 176, 103.

da presente. Ora, porém, o existente no término da malícia se refere à malícia de modo mais firme do que o existente no estado da vida presente da caridade rumo à caridade. Contudo, os demônios ou nunca tiveram caridade, segundo alguns, ou se a tiveram, nunca a tiveram a não ser como num dado estado, rumo a obtê-la. Ora, os homens condenados, de modo semelhante, não puderam cair, exceto por não obterem a graça dos que vivem neste estado da vida.

17. Respondo, dizendo que aquela razão procede da bondade e retidão da mesma natureza, não do livre-arbítrio. Com efeito, o apetite pelo qual os demônios apetecem o bem e o ótimo é certa inclinação da mesma natureza, porém não da eleição do livre-arbítrio. E, por isso, essa retidão não se opõe à obstinação do livre-arbítrio.

18. Respondo, dizendo que Anselmo investiga a noção comum do livre-arbítrio em Deus, nos anjos e nos homens, segundo certa analogia comuníssima; por isso, não é necessário que a semelhança seja encontrada em relação a todas as condições especiais.

Artigo 11

Décimo primeiro, pergunta-se se o livre-arbítrio do homem, no estado da vida presente, pode estar obstinado no mal[162]

E parece que sim.

162. Outros lugares: *De Malo*, q. 3, a. 15, c; *In II Sent*, d. 25, q. 1, a. 4, ad 4.

Argumentos

1. Com efeito, aquilo que inflige pelo mérito da natureza caída, insere em todas antes da reparação da natureza caída. Ora, o mérito da obstinação é o pecado da natureza caída, como diz a Glosa[163] a Rm 9,18. Logo, qualquer homem no estado da vida presente, antes da reparação, está obstinado.

2. Além do mais, em quem vive no estado da vida presente, nele se pode encontrar o pecado contra o Espírito Santo, quanto a todas a suas espécies. De fato, a obstinação é uma espécie de pecado contra o Espírito Santo, como se encontra no livro II das *Sentenças.*[164] Logo, alguém no estado da vida presente pode ser obstinado.

3. Além do mais, ninguém que está em pecado pode voltar ao bem, a não ser que nele permaneça certa inclinação ao bem.

---

163. *Glosa* de Pedro Lombardo (PL 191, 1462 B).

164. PEDRO LOMBARDO, *Liber Sententiamm*, II, d. 43, c. un.

Ora, qualquer um que caia no pecado mortal carece de toda inclinação ao bem. Com efeito, alguém peca mortalmente por amor desordenado. Contudo, o amor, segundo Agostinho,[165] existe no espírito, tal como o peso nos corpos. Ora, o corpo pesado inclina-se de tal maneira a uma parte, como a pedra para baixo, que nenhuma inclinação para cima permanece nele. E, assim, nem no pecador, como parece, permanece a inclinação ao bem. Logo, qualquer um, que peque mortalmente, está obstinado no mal.

4. Além do mais, ninguém se separa do mal de culpa, exceto pela penitência. Ora, aquele que peca pela malícia é impenitente, segundo o Filósofo no livro VII da *Ética*,[166] porque está corrompido acerca dos princípios nas coisas elegíveis, a saber, acerca do bem. Logo, como acontece que alguém no estado da vida presente peque por malícia, parece que é possível que alguém no estado desta vida esteja obstinado no mal.

5. Mas se poderia dizer que, ainda que alguém seja impenitente pelas próprias forças, porém pode ser reduzido à penitência por ajuda da divina graça. – Mas, ao contrário, quando algo é impossível, segundo causas inferiores, ainda que a ação divina possa operar, dizemos que aquilo é absolutamente impossível; assim como o cego ver, ou o morto ressuscitar. Logo, se pelas forças próprias alguém não for capaz de penitência, deve absolutamente dizer que está obstinado no mal, ainda que o poder divino possa reduzir à penitência.

6. Além do mais, toda enfermidade que opera contra sua cura, é incurável, segundo os médicos. Ora, o pecado contra o Es-

165. AGOSTINHO, *De civitate Dei*, XI, c. 28: PL 41, 342; *Confessiones*, XIII, c. 9: PL 32, 849; *Epistula* 55, c. 10: PL 33, 212; *Epistula* 157, c. 2: PL 33, 677.

166. ARISTÓTELES, *Ethica Nicomachea*, VII, c. 7, 1150a21.

pírito Santo é praticado contra a sua cura, isto é, contra a divina graça, pela qual alguém é liberado do pecado. Logo, alguém no estado da vida presente pode ter uma enfermidade espiritual incurável e, assim, pode estar obstinado no mal.

7. Além do mais, por isso parece que o pecado contra o Espírito Santo se diz irremissível, em Mt 12,32; este pecado que, todavia, alguns que vivem no estado da vida presente cometem.

8. Além do mais, Agostinho, no livro XXI da *Cidade de Deus*,[167] e Gregório, na *Moral*,[168] assinalam esta causa pela qual os santos não rezarão pelos condenados no dia do Juízo, porque não podem voltar ao estado da vida de justiça. Ora, há alguns no estado da vida presente, pelos quais não se deve orar, como se diz em 1Jo 5,16: *Existe um pecado que conduz à morte, mas não é a respeito deste que eu digo que se ore*. E em Jr 7,16: *Mas tu, não intercedas por este povo e não eleves em seu favor nem lamentos nem preces, e não insistas junto a mim porque não vou te ouvir*. Logo, há alguns no estado da vida presente, de tal maneira obstinados, que não podem voltar ao estado de justiça.

9. Além do mais, assim como estar confirmado no bem pertence à glória do santos, assim estar confirmado no mal pertence à miséria dos condenados. Ora, alguém no estado da vida presente pode estar confirmado no bem, como foi dito anteriormente no artigo 9. Logo, por razão semelhante, parece que alguém que está no estado da vida presente pode estar obstinado no mal.

10. Além do mais, Agostinho diz no livro *Sobre a fé a Pedro*:[169] *de maior faculdade está dotado o anjo do que o homem*.

---

167. AGOSTINHO, *De civitate Dei*, XXI, c. 24: PL 41, 737.
168. GREGÓRIO MAGNO, *Moralia*, XXXIV, c. 19: PL 76, 739 A-B.
169. Cfr. FULGÊNCIO, *De fide ad Petrum*, c. 3, n. 34: PL 40, 764.

Ora, o anjo, depois do pecado, não pode voltar à justiça. Logo, nem o homem pode. E, assim, alguém está obstinado no estado da vida presente.

Ao contrário

1. É o que diz Agostinho no livro *Sobre as palavras do Senhor*,[170] e se encontra na Glosa[171] a Rm 2,5: *essa impenitência ou coração impenitente, enquanto que vive alguém nesta carne, não pode ser julgado; pois ninguém há de desesperar enquanto a paciência de Deus conduz à penitência.* E, assim, parece que ninguém no estado da vida presente está obstinado no mal.

2. Além do mais, no Sl 67,23 se diz: *faço voltar das profundezas do mar*, isto é, a esses que estavam muito desesperados;[172] e, assim, aqueles que parecem estar muito desesperados nesta vida, alguma vez se convertem a Deus e Deus a eles.

3. Além do mais, no Sl 147,17 se diz: *Ele atira seu gelo em migalhas;* que a Glosa diz sobre isto: *gelo denomina os obstinados, dos quais, porém, também são conduzidos por outros pastores, isto é, faz que tais pastores levem a outros a palavra de Deus*;[173] e, assim, o mesmo que antes.

4. Além do mais, alguém pode ser incurável das enfermidades ou por causa da natureza da enfermidade ou por causa da imperícia do médico, ou por causa da indisposição do sujeito. Ora, a enfermidade espiritual do homem no estado da vida presente, a saber, o pecado, não é incurável pela natureza da enfermidade,

170. AGOSTINHO, *Sermones* 71, c. 13: PL 38, 456.

171. *Glosa* de Pedro Lombardo (PL 191, 1340 A).

172. *Ibidem.* Tomada de AGOSTINHO, *Enarrationes in Psalmos*, (PL 36. 832).

173. *Glosa* de Pedro Lombardo (PL 191, 1282 A). Tomada de AGOSTINHO, *Enarrationes in Psalmos* (PL 37, 1933).

pois não chega até o término da malícia. Nem tampouco pela imperícia do médico, porque Deus conhece e a pode curar; nem tampouco pela indisposição do homem, porque assim como caiu por um, assim também pode ressurgir por outro. Logo, o homem, no estado da vida presente, de nenhum modo pode ser confirmado no mal.

Respondo

Respondo, dizendo que a obstinação implica certa firmeza no pecado pela qual alguém não pode se apartar do pecado. Contudo, que alguém não possa se apartar do pecado pode se entender de dois modos. Um, de maneira que as suas forças não bastem para liberar-se totalmente do pecado; e, assim, qualquer um que caia em pecado mortal diz-se que não pode voltar à justiça. Mas, por essa firmeza no pecado, não se diz que alguém esteja propriamente obstinado. Outro, quando alguém tem firmeza no pecado, de tal maneira, que não pode cooperar para sair do pecado. Mas isso ocorre de dois modos.

De um modo, na medida em que não possa cooperar de nenhum modo; e essa é a perfeita obstinação com a qual os demônios estão obstinados. Com efeito, suas mentes estão confirmadas no mal, até o ponto de que todos os movimentos do livre-arbítrio deles estejam desordenados; e é pecado. E, por isso, de nenhum modo podem se preparar para ter a graça, pela qual o pecado é removido.

De outro modo, de maneira que não facilmente pode cooperar para que saia do pecado; e essa é a obstinação imperfeita, pela qual alguém pode estar obstinado no estado da vida presente, a saber, enquanto alguém tem de tal maneira a vontade confirmada no pecado que não surge, nele, exceto débeis movimentos para o bem. Porém, porque surgem alguns, por eles se abre o caminho para preparar-se para a graça.

A razão de por que algum homem no estado da vida presente não pode estar obstinado no mal de modo que não possa cooperar para a sua liberação é clara pelo dito: porque se desata e se reprime a paixão, e o hábito não corrompe totalmente a alma, e a razão não se adere pertinazmente, de tal maneira, ao falso que não possa ser separada por uma razão contrária. Mas, após o estado da vida presente, a alma separada não inteligirá tomando dos sentidos, nem estará em ato em relação às potências sensitivas. E, assim, a alma separada se conforma ao anjo, tanto ao modo de inteligir, quanto à indivisibilidade do apetite, que foram a causa da obstinação no anjo pecador; por isso, pela mesma razão, na alma separada haverá obstinação. Contudo, na ressurreição, o corpo seguirá a condição da alma; e, por isso, a alma não voltará ao estado no qual está deste modo, no qual tem necessidade de tomar do corpo, ainda que use de instrumentos corpóreos. E, assim, permanecerá a mesma razão de obstinação.

Respostas aos argumentos

1. Respondo, dizendo que o pecado da natureza caída se diz de obstinação, enquanto que o mesmo pecado é mérito da perpétua condenação. Com efeito, pelo mérito do primeiro pecado, toda natureza humana está sujeita à condenação, exceto alguns que depois disso foram liberados pela graça do Redentor; mas não de maneira que o homem esteja obstinado imediatamente desde o princípio de seu nascimento, como condenado pela última condenação.

2. Respondo, dizendo que aquela razão fala da obstinação imperfeita, pela qual alguém não está confirmado absolutamente no mal, pois essa é uma espécie de pecado contra o Espírito Santo.

3. Respondo, dizendo que Agostinho compara o amor ao peso, por que cada um inclina. Contudo, não é necessário que exista semelhança quanto a tudo. E, por isso, não se segue que aquele que ama algo não tenha nenhuma inclinação ao contrário, a não ser que se trate do amor perfeitíssimo, como é o amor dos santos na pátria celeste.

4. Respondo, dizendo que aquele que peca por malícia se diz que é impenitente, não porque, de nenhum modo, possa fazer penitência, mas porque não pode fazê-la facilmente. Com efeito, não se faz penitência perfeitamente apenas pela exortação da razão, porque a exortação procede de algum princípio, a saber, do fim, acerca do qual o mal é corrompido. Porém, pode ser induzido a fazer penitência paulatinamente, acostumando-se ao contrário. Pode ser induzido a esse costume tanto por esse modo de estimar, porque conhece racionalmente e de modo colativo, porque nem toda potência apetitiva tende a um. Mas por costume se alcança a reta razão do princípio, isto é, do fim apetecível. Por isso, diz o Filósofo no livro VII da *Ética*,[174] que nem as coisas especulativas ensinam os princípios, nem as operações. Mas a virtude natural ou adquirida é a sua causa, que é opinar retamente acerca dos princípios.

5. Respondo, dizendo que, quando a natureza inferior pode dispor algo ou operar qualquer coisa, não se diz que é absolutamente impossível, ainda que não possa ser aperfeiçoada, senão pela operação divina; assim como não dizemos que é absolutamente impossível que a prole seja animada pela alma racional, no útero materno. E, de modo semelhante, ainda que a liberação do pecado se faça pela operação divina, porque, po-

174. ARISTÓTELES, *Ethica Nicomachea*, VII, c. 9, 1151a17-19.

rém, isso também coopera com o livre-arbítrio, não se diz que é impossível absolutamente.

6. Respondo, dizendo que, ainda que aquele que peque contra o Espírito Santo opere por inclinação do pecado contra a graça do Espírito Santo, porém, como por esse pecado não está totalmente corrupta a alma, permanece algum movimento, ainda que débil, pelo qual pode cooperar com a graça, de algum modo, pois nem sempre resiste ao ato da graça.

7. Respondo, dizendo que o pecado contra o Espírito Santo não se diz de modo que nesta vida não se possa perdoar, mas porque nesta vida não se pode perdoar de modo fácil. A razão dessa dificuldade é porque o dito pecado contraria diretamente à graça, pela qual o pecado é abandonado. Ou se diz irremissível porque não tem em si a causa do perdão, pois é cometido pela malícia, como ocorre no pecado que se comete por debilidade ou ignorância.

8. Respondo, dizendo que não se proíbe que alguém ore por alguns pecadores nesta vida. Mas, nas palavras aduzidas do Apóstolo, quer significar que não convém a qualquer um orar pelos endurecidos no pecado, mas convém a algum homem perfeito. Ou que o Apóstolo fala sobre o pecado que conduz à morte, que, a saber, dura até a morte. Contudo, nas palavras do profeta, mostra-se que aquele povo era indigno de conseguir a misericórdia diante do justo juízo de Deus, mas não porque fosse totalmente obstinado no mal.

9. Respondo, dizendo que a confirmação no bem se realiza por dom divino. E, por isso, nada proíbe que por um privilégio especial da graça lhe seja concedido isso a alguns no estado da vida presente, ainda que por esse modo não estejam confirmados no bem, como os santos na pátria celeste, como foi dito anteriormente no artigo 9. Contudo, não se pode dizer isso sobre a confirmação no mal.

10. Respondo, dizendo que, por isso mesmo, o anjo que era dotado de maior faculdade, seguiu-se disso que, imediatamente, após a primeira eleição, foi obstinado no pecado, como é claro pelo dito. Contudo, Agostinho não tenta provar que o homem esteja obstinado no pecado, mas que ele não é por si mesmo capaz de soerguer-se do pecado.

Artigo 12

Décimo segundo, pergunta-se se o livre-arbítrio, sem a graça, no estado de pecado mortal, pode evitar o pecado mortal[175]

E parece que não.

175. Outros lugares: *In II Sent.*, d. 28, a. 2; *CG.* III c. 160; *Sum. Theo*, I-II, q. 109, a. 8; *Ad Cor I*, cap. 12, lect. 1.

Argumentos

1. Por isso, em Rm 7,15 se diz: *realmente não consigo entender o que faço; pois não pratico bem que quero, mas faço o mal que detesto*; e, se fala da pessoa do homem condenado, como sobre isso diz certa Glosa.[176] Logo, o homem sem a graça, não pode evitar o pecado.

2. Além do mais, o pecado mortal é mais grave do que o original. Ora, alguém no pecado original, se for adulto, não pode evitar que peque mortalmente sem a graça, pois, assim, evitaria o dano da pena sensível, que se deve ao pecado mortal. E assim, não existindo para os adultos um meio-termo entre aquele dano e a glória da vida eterna, seguir-se-ia que poderia alcançar a vida eterna sem a graça, o que é a heresia pelagiana. Logo, muito menos no estado de pecado mortal alguém pode evitar o pecado mortal, exceto se for recebida a graça.

176. PSEUDO AMBRÓSIO, *Super Romanos*, c. VII, vs. 15: PL 17, 117 D. Tomado de PEDRO LOMBARDO, *Liber Sententiarum*, l. II, d. 39, c. 3: PL 191, 1423 A.

3. Além do mais, em Rm 7,16ss, sobre aquilo *não faço o bem que eu quero, mas pratico* etc., diz a Glosa de Agostinho:[177] *agora o homem se descreve posto sob a lei sem a graça. Pois o homem é vencido pelos pecados, enquanto tenta viver justamente com suas forças, sem a ajuda da graça que liberta, que liberta o livre-arbítrio, de modo que creia no libertador, e assim não peque contra a lei.* Contudo, pecar contra a lei é pecar mortalmente. Logo, parece que o homem, sem a graça, não pode evitar o pecado mortal.

4. Além do mais, diz Agostinho no livro *Sobre a perfeição da justiça*,[178] que a malícia refere-se à alma como a curvatura à tíbia; e que o ato do pecado se compara à claudicação. No entanto, a claudicação não pode ser evitada por aquele que tem a tíbia curva, exceto se antes tiver a tíbia curada. Logo, tampouco se pode evitar o pecado mortal por quem está no pecado, exceto se antes for libertado do pecado pela graça.

5. Além do mais, Gregório[179] diz: *o pecado que não se remove pela penitência, logo leva a outro pecado por seu peso.* Ora, não se remove, exceto pela graça. Logo, sem a graça, o homem pecador não pode evitar o pecado.

6. Além do mais, segundo Agostinho,[180] o temor e a ira são certas paixões e pecados. Ora, o homem não pode evitar as paixões pelo livre-arbítrio. Logo, nem pode abster-se dos pecados.

177. *Glosa* de Pedro Lombardo (PL 191, 1423 C). Tomada de AGOSTINHO, *Expositio in epistulam ad Romanos*, 44 (PL 35, 2071).

178. AGOSTINHO, *De perfectione iustitiae*, c. 2: PL 44, 294.

179. GREGÓRIO MAGNO, *Morlia*, XXV, c. 9: PL 76, 334 B.

180. AGOSTINHO, *Civitate Dei*, XIV, c. 7: PL 41, 410.

7. Além do mais, aquilo que é necessário não pode ser evitado. Ora, certos pecados são necessários, como é claro por aquele Sl 24,17: *livra-me das minhas necessidades, Senhor.*[181] Logo, o homem não pode evitar o pecado pelo livre-arbítrio.

8. Além do mais, diz Agostinho:[182] *algum pecado existe quando a carne deseja contra o espírito*. Ora, não está no poder do livre-arbítrio que a carne não deseje contra o espírito. Logo, o poder do livre-arbítrio não se estende a evitar o pecado.

9. Além do mais, a potência de morrer segue a potência de pecar, pois o homem no estado de inocência não podia morrer, a não ser porque poderia pecar. Logo, também a necessidade de morrer segue a necessidade de pecar. Ora, o homem neste estado não pode evitar morrer. Logo, nem pode evitar pecar.

10. Além do mais, por isso, segundo Agostinho,[183] o homem poderia estar no estado de inocência, porque tinha integridade de natureza imune a toda mancha de pecado. Ora, esta integridade não está no homem pecador destituído da graça. Logo, não pode permanecer, mas tem que cair necessariamente após o pecado.

11. Além do mais, a quem vence se lhe deve a coroa, como é claro no Apocalipse 3,10s. Ora, se alguém evita o pecado, quando é tentado pelo pecado, vence o pecado e o diabo, como se diz em Tg 4,7: *resisti ao diabo e ele fugirá de vós*. Logo, se

---

181. Optamos por uma tradução literal para melhor compreensão do texto, em vez da *Bíblia de Jerusalém*.

182. AGOSTINHO, *De civitate Dei*, 1. XIX, cap. 4 (PL 41, 629). Cfr. também: PEDRO LOMBARDO, *Liber Sententiarum*, l. III, d. 17, c. 2.

183. Cfr. PEDRO LOMBARDO, *Liber Sententiarum*, II, d. 24, c. 2, como refere BOAVENTURA em *Super Sententiarum*, l. II, d. 24, p. 1, a. 1, q. 2.

alguém pode evitar o pecado sem a graça, poderá sem a graça merecer a coroa; o que é herético.

12. Além do mais, diz Agostinho no livro das *Retratações*:[184] *a vontade não pode resistir sendo coagida pela cupidez*. Ora, a cupidez induz ao pecado. Logo, a vontade humana não pode evitar o pecado, sem a graça.

13. Além do mais, quem tem hábito age de modo necessário, segundo o hábito. Ora, aquele que está no pecado, tem o hábito do pecado. Logo, parece que não pode evitar o pecado.

14. Além do mais, o livre-arbítrio, segundo Agostinho,[185] é aquilo pelo qual se elege o bem com a assistência da graça e o mal desistindo da graça. Logo, parece que aquele que carece de graça, pelo livre-arbítrio, sempre elege o mal.

15. Além do mais, qualquer um que possa não pecar, pode vencer o mundo. Com efeito, ninguém vence o mundo, exceto desistindo do pecado. Ora, ninguém pode vencer o mundo, senão pela graça, porque, como se diz em 1Jo 5,4: *e esta é a vitória que venceu o mundo: nossa fé*. Logo, alguém, sem a graça, não pode evitar o pecado.

16. Além do mais, o preceito de amar a Deus é afirmativo e obriga, de tal maneira, que se observe em todo tempo e lugar, de tal maneira que, se não for observado, o homem peca mortalmente. Ora, alguém não pode observar o preceito da caridade sem a graça, porque, como se diz em Rm 5,5: *o amor de Deus foi derramado em nossos corações pelo Espírito Santo que nos foi dado*. Logo, sem a graça, o homem não pode evitar que peque mortalmente.

---

184. AGOSTINHO, *Retractationes*, I, c. 15: PL 32, 609.

185. Cfr. PEDRO LOMBARDO, *Liber Sententiarum*, II, d. 24, c. 3.

17. Além do mais, segundo Agostinho,[186] no *Enquirídio*, capítulo 76, no preceito da misericórdia ao próximo se inclui o preceito da misericórdia de si. Ora, alguém pecaria mortalmente, exceto se tivesse misericórdia do próximo na existência de uma necessidade de morte corporal. Logo, muito mais peca mortalmente, a não ser que tenha misericórdia de si no pecado, fazendo penitência do pecado. E, assim, a menos que o pecado seja removido pela penitência, o homem não pode evitar que peque.

18. Além do mais, assim como se refere o amor de Deus à virtude, assim se refere o desprezo de Deus ao pecado. Ora, é necessário que todo virtuoso ame a Deus. Logo, é necessário que todo pecador despreze Deus, e também que peque; e assim o mesmo que antes.

19. Além do mais, segundo o Filósofo no livro II da *Ética*,[187] dos hábitos similares procedem atos similares. Logo, se o homem estiver no pecado, é necessário, como parece, que tenha de produzir atos semelhantes, a saber, atos de pecado.

20. Além do mais, como a forma é o princípio da operação, o que carece de forma, carece da operação própria daquela forma. Ora, afastar-se do mal é próprio da operação da justiça. Portanto, como aquele que está no pecado carece de justiça, parece que não pode afastar-se do mal.

21. Além do mais, o Mestre diz no livro II das *Sentenças*[188] que, após o pecado, antes da reparação da graça, o livre-arbítrio estava oprimido e era vencido pela concupiscência, e tem a enfermidade no mal, se não tem a graça no bem; e, por isso,

186. AGOSTINHO, *Enchiridium*, c. 76: PL 40, 268.
187. ARISTÓTELES, *Ethica Nicomachea*, II, c. 4, 1105a26 ss.
188. PEDRO LOMBARDO, *Liber Sententiarum*, II, d. 25, c. 6.

pode pecar mortalmente; e, assim, sem a graça, alguém não pode evitar o pecado mortal.

22. Mas se dissesse que não pode não pecar, isto é, não ter pecado; pode-se dizer, porém, que não pode pecar, isto é, não usar do pecado; o que é contra os que concederam os pelagianos. Mas Agostinho reprende a opinião deles quanto a isso, no livro *Sobre a graça e o livro arbítrio*,[189] dizendo assim: *pois dizem os pelagianos que a graça de Deus, que é dada pela fé em Jesus Cristo, que não é pela lei nem pela natureza, vale apenas para isto, para perdoar os pecados, não para evitar os futuros, ou para que sejam superados com repugnância. Mas se isso fosse verdadeiro, também na oração dominical quando dizemos "perdoai as nossas dívidas", não acrescentaríamos "e não nos deixeis cair em tentação". Pois dizemos aquilo para que se perdoem os pecados, mas isto para que nos cuidemos deles ou os vençamos. Porque por nenhuma razão pediríamos ao Pai que está nos céus, se pudéssemos fazer isso por virtude da nossa vontade humana*. Logo, parece que aquela resposta é nula.

23. Além do mais, Agostinho diz no livro *Sobre a natureza e a graça*:[190] *a luz da verdade se separou do que prevaricou da lei, privado dela também se fez cego; e é necessário que ofenda mais, e caindo seja maltratado, e maltratando-se não se levante.* Logo, também o pecador, destituído de graça, tem necessidade de pecar.

Ao contrário

1. É o que diz Jerônimo[191] ao papa Dâmaso: *dizemos que o homem pode sempre pecar e não pecar, de modo que sempre*

189. AGOSTINHO, *De gratia et libero arbitrio*, c. 13: PL 44, 896.
190. AGOSTINHO, *De natura et gratia*, c. 22: PL 44, 258.
191. Cfr. PEDRO LOMBARDO, *Liber Sententianm*, II, d. 28, c. 4.

confessamos que existe livre-arbítrio. Logo, dizer que o homem no estado de pecado não pode evitar o pecado é negar o livre-arbítrio; o que é herético.

2. Além do mais, se algum defeito houver em algum agente, onde há o poder de usá-lo ou não usá-lo, não é necessário que tenha defeito em sua ação; assim como a perna curva pudesse, ao andar, não ser influenciada pela curvatura e não se desequilibrasse. Ora, o livre-arbítrio, sujeito ao pecado, pode usar e não usar do pecado, porque o usar do pecado é ato do livre-arbítrio, que tem domínio sobre seu ato. Logo, qualquer um que esteja em pecado pode não pecar.

3. Além do mais, sobre o Sl 118,95: *que os ímpios esperem a minha ruína*; diz a Glosa:[192] *meu consentimento*. Logo, alguém não é levado ao pecado, a não ser consentindo. Ora, o consentimento está no poder do livre-arbítrio. Logo, alguém pode não pecar pelo livre-arbítrio.

4. Além do mais, o demônio, porque não pode não pecar, diz-se que há irremediavelmente pecado. Ora, o homem não pecou irremediavelmente, como comumente se diz. Logo, pode não pecar.

5. Além do mais, de um extremo não se passa a outro, a não ser pelo meio. Ora, o homem antes do pecado tem a capacidade de não pecar. Logo, após o pecado não é levado imediatamente ao outro extremo, a saber, que não possa não pecar.

6. Além do mais, o livre-arbítrio do pecador pode pecar. Ora, não pode pecar a não ser elegendo, pois eleger é um ato do

192. *Glosa* de Pedro Lombardo, PL 191, 1091 A.

livre-arbítrio, tal como a vista não opera de outro modo senão vendo. Ora, a eleição, por ser o desejo do previamente deliberado, segundo o Filósofo no livro III da *Ética*,[193] procede da deliberação, que não é senão das coisas que estão em nosso poder, como se diz no mesmo lugar. Logo, evitar ou cometer o pecado está no poder do homem que está em pecado.

7. Além do mais, segundo Agostinho,[194] ninguém peca nisso que não se pode evitar, porque isso já seria necessário. Logo, se alguém, estando no pecado, não pode evitar o pecado, cometendo o pecado, não pecaria; o que é absurdo.

8. Além do mais, o livre-arbítrio é igualmente livre de coação, tanto antes, quanto despois do pecado. Ora, a necessidade de pecar parece pertencer à coação; por isso que aquela necessidade se insere em nós também, se não queremos. Logo, homem, após o pecado, não tem necessidade de pecar.

9. Além do mais, toda necessidade ou é de coação ou de inclinação natural. Ora, a necessidade de pecar não é de inclinação natural, porque assim a natureza seria má, porque se inclinaria ao mal. Logo, se no pecador existisse a necessidade de pecar, o pecar seria por coação.

10. Além do mais, o que é necessário, não é voluntário. Ora, se for necessário pecar àquele que está no pecado, o pecado não é voluntário, o que é falso.

11. Além do mais, se o pecador tiver necessidade de pecar, essa necessidade não lhe convirá a não ser por razão do peca-

193. ARISTÓTELES, *Ethica Nicomachea*, III, c. 7, 1112a30.

194. AGOSTINHO, *De duabus animabus*, c. 10: PL 42, 103; c. 11: PL 42, 105; *De libero arbitrio*, III, c. 18: PL 32, 1295.

do. Ora, pode sair do pecado, de outro modo não mandaria aos pecadores, como diz Is 52,11: *ide-vos! Saí daqui! Não toqueis nada do que seja impuro*. Logo, o pecador pode não pecar.

Respondo

Respondo, dizendo que acerca dessa questão surgiram heresias contrárias. Com efeito, alguns, estimando a natureza da mente humana ao modo das naturezas corporais, opinaram que em relação a tudo aquilo ao qual viam e que a mente humana se inclinava, o homem operava por necessidade e, por isso, incidiram em erros contrários.

Pois, a mente humana tem duas inclinações contrárias. De fato, uma para o bem, por instinto da razão, a qual Joviniano,[195] considerando-a, disse: *o homem não pode pecar*. Outra inclinação se inere na mente humana pelas potências inferiores e, principalmente, na medida em que estão corrompidas pelo pecado original, a saber, aquela pela qual a mente se inclina a eleger essas coisas que são deleitáveis, segundo o sentido carnal.

E, considerando essa inclinação, os maniqueus disseram que o homem peca de modo necessário, e não pode evitar o pecado de nenhum modo. E, assim, uns e outros, ainda que por vias contrárias, incidiram no mesmo inconveniente, de modo que negaram o livre-arbítrio, pois o homem não teria livre-arbítrio se fosse impelido por necessidade ao bem ou ao mal. O que é inconveniente, e isso se prova tanto pela experiência, quanto pelas doutrinas dos filósofos, como pelas autoridades divinas; de maneira que é claro, até certo ponto, pelo que foi dito acima.

Por isso, surgiu o contrário com Pelágio,[196] que, querendo defender o livre-arbítrio, foi adversário da graça de Deus, dizen-

195. Cfr. PEDRO LOMBARDO, *Liber Sententiarum*, II, d. 28, c. 4.
196. Cfr. PEDRO LOMBARDO, *Liber Sententiarum*, II, d. 28, c. 1-3.

do que o homem podia evitar o pecado, sem a graça de Deus. De fato, esse erro contradiz de modo evidentíssimo a doutrina do Evangelho,[197] por isso foi condenado pela Igreja. Contudo, a fé católica se aproxima de uma via média, de maneira que salva a liberdade do arbítrio e não exclui a necessidade da graça.

Para a evidência disso, deve-se saber que, como o livre-arbítrio é certa potência constituída sob a razão, e acima da motivação que a executa, algo se encontra para além do poder do livre-arbítrio de dois modos. De um modo, porque excede a eficácia da potência motiva que executa, que opera sob o império do livre-arbítrio, assim como voar não subjaz ao livre-arbítrio, porque excede à força da potência motiva no homem. De outro modo, algo está para além da potência do livre-arbítrio, porque não se estende ao mesmo ato da razão. Com efeito, como o ato do livre-arbítrio é a eleição, isto é, a deliberação racional, segue-se que o livre-arbítrio não pode estender-se àquilo, porque foge à deliberação racional, assim como essas coisas que ocorrem de modo não premeditado.

Portanto, no primeiro modo, ao evitar o pecado ou o poder do pecado, não excede ao livre-arbítrio, porque, ainda que a satisfação do pecado se realize por meio do ato exterior da execução da potência motiva, porém o pecado se consuma na mesma vontade só pelo consentimento, antes da execução da ação. Por isso, por causa do defeito da virtude motiva, o livre-arbítrio não é impedido do pecado ou de evitá-lo; ainda que, alguma vez, seja impedido da execução, quando, por exemplo, alguém que quer matar ou fornicar ou furtar, não pode. Mas, no segundo modo, o pecar ou evitá-lo pode exceder o poder do livre-arbítrio, a saber, de maneira que algum pecado ocorra súbita e repentinamente e, assim, foge à eleição do livre-arbítrio, ainda que o livre-arbítrio possa fazer isso ou evitá-lo, se sua atenção ou esforço se dirigir a isso.

197. Cfr. AGOSTINHO, *De haeresibus ad Quodvultdeum liber unus*, 88: PL 42, 47.

Contudo, em nós ocorre algo repentinamente, de dois modos. De um modo, pelo ímpeto da paixão, pois o movimento da ira e da concupiscência vem antes da deliberação da razão. De fato, esse movimento, tendendo ao ilícito, pela corrupção da natureza, é pecado venial. E, por isso, após o estado da natureza corrupta não está no poder do livre-arbítrio evitar todos os pecados desse tipo, porque fogem do seu ato, ainda que possa impedir alguns desses movimentos, se se esforça em sentido contrário.

No entanto, não é possível que o homem se esforce contrária e continuamente para evitar o movimento desse tipo, por causa das ocupações da mente humana e pela quietude necessária. De fato, isso ocorre por causa das potências inferiores que não estão sujeitas totalmente à razão, assim como estavam no estado de inocência, quando era muito fácil para o homem evitar todos e cada um dos pecados pelo livre-arbítrio, porque de nenhum movimento poderia surgir nas potências inferiores, a não ser segundo o ditame da razão. Contudo, falando comumente, o homem, no estado presente, não se reduz a essa retidão pela graça, mas esperamos essa retidão no estado de glória.

E por isso, neste estado de miséria, após a reparação da graça, o homem não pode evitar todos os pecados veniais, porém, isso não prejudica em nada a liberdade de arbítrio.

De outro modo, ocorre algo em nós como de repente, pela inclinação do hábito, como, pois, diz o Filósofo no livro II da *Ética*[198] que: *ocorre estar mais fortemente impávido e imperturbado nos temores repentinos do que nos previamente manifestos*. Com efeito, tanto maior é a operação que provém do hábito, quanto menor é a premeditação. Com efeito, alguém elege pela razão e pensamento as coisas previamente manifestas, isto é, conhecidas anteriormente, inclusive sem hábito, mas as repentinas são segundo o hábito. E não se deve entender no sentido de que a

198. ARISTÓTELES, *Ethica Nicomachea*, II, c. 11, 1117a17.

operação segundo o hábito da virtude possa ser totalmente sem deliberação, pois a virtude é um hábito eletivo, porém, porque, tendo o hábito, já está nele a eleição do fim determinado; por isso, quando ocorre algo conveniente àquele fim, é eleito imediatamente, a não ser que seja impedido por alguma deliberação mais atenta e maior.

Contudo, o homem que está no pecado mortal se insere habitualmente no pecado. Com efeito, ainda que nem sempre tenha o hábito do vício, porque de um ato de luxúria não se gera o hábito da luxúria, porém a vontade de quem peca, abandonando o bem imutável, adere-se ao bem mutável, como um fim. E a força e inclinação dessa adesão permanecem nele até que se volte para o bem imutável, que se insere nele como fim.

E, por isso, quando o homem assim disposto se lhe ocorre fazer algo que convenha à eleição precedente, dirige-se de repente àquilo por eleição, exceto se coibido por si mesmo por muita deliberação. Porém, nem por isso é escusado do pecado mortal, porque ele elege assim de repente, porque carece de alguma deliberação, porque aquela deliberação é suficiente para o pecado mortal, pelo qual isso que se elege é pecado mortal e contra Deus.

No entanto, essa deliberação não é suficiente para retrair aquele que está no pecado mortal. Com efeito, alguém não se retrai de fazer algo que se inclina, exceto enquanto aquilo se lhe propõe como mal. Contudo, aquele que já repudiou o bem imutável a favor do bem mutável, não estima já como mal a aversão ao bem imutável, no qual se aperfeiçoa a noção de pecado mortal. Por isso, não é retraído de pecar por causa disso, mesmo que se advirta que algo é pecado mortal. Contudo, é necessário proceder mais além ao considerar, até que se chegue a algo que não possa estimar como mal, assim como é a miséria ou algo desse tipo.

Por isso, antes de que se realize tanto a deliberação quanto o que se requer no homem assim disposto para evitar o pecado mortal, precede o consentimento no pecado mortal. E, por causa disso, suposta a adesão do livre-arbítrio ao pecado mortal, ou ao fim indevido, não está em seu poder o evitar todos os pecados mortais, ainda que cada um possa evitar se se esforçar; porque, apesar de ter evitado isso ou aquilo, admitindo tanto a deliberação quanto ao que se requer, não pode evitar que, alguma vez, o consentimento no pecado mortal não venha preparado pela deliberação, pois o homem sempre, ou frequentemente, tem tanta vigilância, quanto ao que se requer para isso, por muitas coisas nas quais a mente do homem se ocupa. Contudo, essa disposição não se remove a não ser pela graça, pela qual só se realiza quando a mente humana adere ao bem imutável, pela caridade como ao fim.

Logo, fica claro pelo dito que não removemos o livre-arbítrio quando dizemos que o livre-arbítrio pode evitar ou cometer singularmente qualquer pecado, nem tampouco removemos a necessidade da graça, quando dizemos que o homem não pode evitar todos os pecados veniais, ainda que possa evitar alguns, mesmo tendo a graça, antes de que a graça seja aperfeiçoada no estado de glória; e isso por causa da inclinação à corrupção.

E como dizemos que o homem que está em pecado mortal, privado da graça, não pode evitar todos os pecados mortais, a não ser que se lhe sobrevenha a graça, na medida em que possa evitar alguns, e isso por causa da adesão habitual da vontade ao fim desordenado. Agostinho compara essas duas coisas com a curvatura da tíbia, da qual se segue a necessidade de claudicar. Assim, também, confirmaram as sentenças dos doutores, que acerca disso parecem ser muitas.

Desses, alguns dizem que o homem sem a graça santificante habitual não pode evitar o pecado mortal, ainda que não sem o auxílio divino, que governa o homem com sua providência para realizar o bem e evitar o mal. Pois isso é verdadeiro, quando [o homem] quer se esforçar contra o pecado, do qual acontece que pode evitar alguns.

Porém, outros dizem que o homem não pode permanecer um longo tempo sem a graça, de modo que não peque mortalmente: isso, de fato, é verdadeiro quanto ao caso de que não ocorre por longo tempo que o homem esteja habitualmente disposto ao pecado, que não se lhe ocorra operar algo repentinamente, no qual, por inclinação ao mal, o hábito cai no consentimento do pecado mortal, pois não é possível ao homem estar por longo tempo vigilante, em relação ao que adere a uma solicitação suficiente para evitar o pecado mortal. Logo, porque uma e outra razão concluem, de algum modo verdadeiro, e de outro modo falso, deve-se responder cada uma.

Respostas aos argumentos

1. Respondo, dizendo que aquelas palavras do Apóstolo podem ser entendidas segundo diversas exposições, tanto do pecado mortal como do mal do pecado mortal; segundo que se fala da pessoa do homem pecador, ou do mal do pecado venial quanto aos primeiros movimentos;[199] segundo que se fala na sua pessoa, ou na dos outros justos. E de um e outro modo, deve-se entender que, ainda que a vontade natural seja para evitar todo mal, o homem pecador, sem a graça, não pode evitar todos os pecados mortais, ainda que possa evitar alguns. E assim não pode completar a vontade natural sem a graça; e, de modo semelhante, ocorre algo com o justo em relação aos pecados veniais.

2. Respondo, dizendo que não é possível que exista algum adulto que esteja apenas no pecado original, sem a graça; porque

199. Cfr. GUILLERMO ALTISSIODORENSI, *Summa Aurea*, II, tr. 28, c. 1.

imediatamente quando toma o uso do livre-arbítrio, se se prepara para a graça, terá a graça; de outro modo, a própria negligência se lhe imputaria o pecado mortal.

O argumento também referido parece supor um inconveniente ao que conduz. Com efeito, se for possível a algum adulto estar apenas no pecado original, se no mesmo instante lhe ocorre morrer, estará num meio-termo entre os beatos e aqueles que são castigados com a pena sensível; inconveniente ao qual conduz o argumento referido.

Porém, para que nisso não faça força, deve-se saber que no pecado original há habitual aversão ao bem imutável, pois, tendo o pecado original, não tem o coração unido a Deus pela caridade; e, assim, quanto à aversão habitual, a mesma razão se dá para o que existe no pecado original e mortal, ainda que no pecado mortal se dê sobre isso, uma habitual conversão ao fim indevido. E, por causa disso, não se segue que, se alguém evitasse o castigo pelo livre-arbítrio, pode adquirir, em virtude disso, a glória pelas forças do livre-arbítrio. Com efeito, isso é maior, como é claro pela situação do homem no estado de inocência.

3. Respondo, dizendo que o homem sem a graça é vencido pelo pecado, enquanto aja contra a lei; porque pode evitar este ou aquele pecado esforçando-se no contrário, porém não pode evitar todos, pela razão já dita.

4. Respondo, dizendo que o exemplo de Agostinho sobre a curvatura não é similar quanto a algo; porque, a saber, não está no poder da tíbia que use a curvatura ou que não a use, por isso é necessário que todo movimento da tíbia curva seja uma claudicação. Contudo, o livre-arbítrio pode usar ou não usar sua curvatura e, por isso, não é necessário que peque em qualquer ato seu, mas que possa, alguma vez, evitar o pecado. No entanto, é similar quanto a isso, que não é possível evitar todos, assim como foi dito.

5. Respondo, dizendo que, ainda que o pecado pela penitência não apagado atraia inclinando a outro [pecado], porém não é necessário que o livre-arbítrio sempre obedeça a essa inclinação, mas que possa esforçar-se contra essa em algum ato particular.

6. Respondo, dizendo que o temor e a ira, segundo que são paixões, não são pecados mortais, mas veniais, pois são movimentos primeiros.

7. Respondo, dizendo que os pecados se dizem necessários enquanto não podem ser todos evitados, ainda que alguns possam ser evitados.

8. Respondo, dizendo que, quando a carne deseja contra o espírito, é um vício, mas é próprio do pecado venial.

9. Respondo, dizendo que a necessidade de morrer é concomitante à necessidade de pecar venial ou mortalmente, exceto em pessoas privilegiadas, a saber, Cristo e a bem-aventurada Virgem; porém não [é concomitante] à necessidade de pecar mortalmente, e fica claro nos que têm graça.

10. Ao décimo se responde como ao sétimo.

11. Respondo, dizendo que a coroa se dá a esse que vence totalmente o diabo e o pecado. Contudo, quem evita um pecado perseverando em outro, sendo servo, não é vencedor, senão relativamente, por isso não merece a coroa.

12. Respondo, dizendo que não se pode entender que a cupidez coaja absolutamente o livre-arbítrio, porque é sempre livre em relação à coação. Mas se diz que coage pela veemência da inclinação, da qual, porém, pode-se resistir, ainda que com dificuldade.

13. Respondo, dizendo que o livre-arbítrio pode usar o hábito ou não usá-lo. Por isso, não é necessário que alguém sempre aja segundo o hábito, mas que pode alguma vez agir contra o hábito, ainda que com dificuldade. Porém, ao não permanecer o hábito, pode ocorrer que permaneça por longo tempo, nada agindo segundo o hábito.

14. Respondo, dizendo que, faltando a graça, o livre-arbítrio pode por si mesmo eleger o mal; porém não é necessário que, sem a graça santificante, sempre eleja o mal.

15. Respondo, dizendo que não se segue que alguém, evitando o pecado, vença o mundo, a não ser que seja imune totalmente ao pecado, como foi dito.

16. Respondo, dizendo que o preceito se observa de dois modos. De um modo, assim que observado, é mérito da glória; e, assim, ninguém pode observar o dito preceito nem os outros sem a graça. De outro modo, assim que observado, faz evitar a pena; e, assim, se pode observar sem a graça santificante. Do primeiro modo, observa-se quando a substância do ato se completa com o modo conveniente, que põe a caridade; e, assim, também o dito preceito do amor não é tanto um preceito, quanto o fim do preceito e a forma dos outros preceitos. Do segundo modo, observa-se apenas a substância completa do ato; o que ocorre completamente nesse que não tem hábito da caridade, pois pode também realizar coisas justas, segundo o Filósofo no livro II da *Ética*.[200]

17. Respondo, dizendo que aquele argumento não vem a propósito. Com efeito, dado que alguém, não tendo misericórdia de si mesmo nisso de preparar-se para a penitência, cometa um novo pecado, porém pode evitar esse pecado quando pôde se preparar. Porém não é necessário que o pecador, quando não tiver misericórdia de si, fazendo penitência, cometa um novo pecado; mas apenas então quando se sujeita a esse por alguma causa especial.

18. Respondo, dizendo que o virtuoso pode não amar a Deus atualmente, mas agir o contrário, como é claro quando peca.

19. Respondo, dizendo que, ainda que os hábitos sempre se tornem semelhantes aos atos, porém, ao possuir o hábito, pode exercer um ato contrário ao hábito, porque não lhe é necessário usar sempre o hábito.

20. Respondo, dizendo que o que carece de justiça pode fazer um ato imperfeito de justiça, que é agir justamente: e isso por causa dos princípios do direito natural que são inerentes à razão; porém pode não fazer um ato de justiça perfeita, que é fazer justamente as coisas justas. E, assim, algum injusto pode declinar, alguma vez, para o mal.

21. Respondo, dizendo que as palavras do Mestre não devem ser entendidas de modo que seja necessário que o homem, que está no pecado mortal, sucumba a qualquer tenta-

200. ARISTÓTELES, *Ethica Nicomachea*, II, c. 4, 1105a26 ss.

ção; mas porque, a não ser que se libere do pecado pela graça, incida alguma vez em outro pecado mortal.

22. Respondo, dizendo que por isso temos necessidade de pedir na oração dominical não só para que se perdoem nossos pecados passados, mas também para que sejamos libertados dos futuros; porque, a não ser que o homem seja libertado pela graça, é necessário que alguma vez incida no pecado pelo dito modo; ainda que possa evitar este ou aquele, esforçando-se contra eles.

23. Respondo, dizendo que, privado da luz da graça, é necessário que alguma vez caia; porém não é necessário que sucumba em qualquer tentação.

Resposta ao contrário

1. De fato, ao que se refere à objeção em contrário, respondo, dizendo que se prejulgaria a liberdade de arbítrio, se não se pudesse evitar o pecado, esforçando-se em contrário. Contudo, não prejulga a liberdade de arbítrio, se este homem não puder fazer que fique em contínua solicitude, resistindo o pecado. No entanto, o homem não está solícito acerca disso, ele leva sua habitual inclinação até isso que é conveniente ao hábito.

2. Respondo, dizendo que o livre-arbítrio, por isso que tem domínio sobre seu ato, pode, quando se aplicar sua ajuda para isso, não usar do próprio defeito. Mas, porque é impossível aplicar sempre sua ajuda, alguma vez se segue que falha em seu ato.

3. Respondo, dizendo que, sem o consentimento do livre-arbítrio, não se comete o pecado mortal. Mas o consentimento segue à habitual inclinação, a não ser que previamente haja muita deliberação, como foi dito.

4. Respondo, dizendo que o homem caiu de modo remediável, porque pode ter o remédio com o auxílio da graça, na medida em que o poder do livre-arbítrio não seja suficiente para isso.

5. Respondo, dizendo que não poder pecar e não poder não pecar são contrários. De fato, poder pecar e não pecar é meio-termo entre eles. Por isso, o argumento supõe o falso.

6. Respondo, dizendo que eleger e deliberar não são senão dessas potências que existem em nós. Ora, assim como se diz no livro III da *Ética*,[201] essas coisas que fazemos pelos amigos, de alguma maneira, fazemos por nós mesmos: e, por isso, o livre-arbítrio pode ter eleição e deliberação não apenas das coisas em relação às quais é suficiente o próprio poder, mas em relação àquelas que se requer o auxílio divino.

7. Respondo, dizendo que alguém que está em pecado mortal pode evitar todos os pecados mortais com o auxílio da graça. Também pode evitar alguns por poder natural, ainda que não todos; e, por isso, não se segue que, cometendo o pecado, não peque.

8. Respondo, dizendo que a necessidade de pecar não coloca a coação no livre-arbítrio. Com efeito, ainda que o homem não possa eximir-se por si mesmo daquela necessidade, pode, porém, resistir alguma vez a isso que se diz necessidade, na medida em que pode evitar alguns pecados, ainda que não todos.

---

201. ARISTÓTELES, *Ethica Nicomachea*, III, c. 8, 1112b27.

9. Respondo, dizendo que o efeito do pecado é como natural ao pecador. Com efeito, o hábito naquele que o possui opera como certa natureza; por isso, a necessidade, que é do hábito, reduz-se à inclinação natural.

10. Respondo, dizendo que, segundo Agostinho,[202] algo pode ser necessário e, porém, voluntário. Com efeito, a vontade aborrece de modo necessário a miséria; e isso por causa da inclinação natural que se assemelha à inclinação do hábito.

11. Respondo, dizendo que o homem, que está em pecado, de nenhum modo pode eximir-se do pecado que já cometeu, a não ser com o auxílio da graça, porque não se exime do pecado que se consuma na aversão, a não ser que sua mente adira a Deus pela caridade, que não é pelo livre-arbítrio, mas que se difunde pelo Espírito Santo no coração dos santos, como se diz em Rm 5,5.

202. AGOSTINHO, *De civitate Dei*, V, c. 10: PL 41, 152.

Artigo 13

Décimo terceiro, pergunta-se se alguém, estando na graça, pode evitar o pecado mortal[203]

E parece que não.

203. Outros lugares: *In II Sent.*, d. 29; *CG.* III, c. 155; *Sum. Theo*, I-II, q. 109, a. 9; II-II, q. 137, a. 4.

Argumentos

1. Com efeito, ninguém tem necessidade de pedir a Deus aquilo que pode alcançar por si mesmo. Ora, alguém, quando tem necessidade de graça, tem necessidade de pedir a Deus que seja libertado dos pecados futuros; por isso em 2Cor 13,7, o Apóstolo diz, falando aos fiéis e santos: *pedimos a Deus, não cometais mal algum*. Logo, os que têm graça não podem evitar o pecado.

2. Além do mais, os que têm graça têm necessidade de dizer a oração dominical. Ora, nessa se pede que o homem persevere sem pecado, segundo a Exposição de Cipriano, como narra Agostinho no livro *Sobre a perseverança.*[204] Logo, quem tem a graça não pode evitar por si o pecado mortal.

3. Além do mais, a perseverança é um dom do Espírito Santo. Contudo, ter os dons do Espírito Santo não está no po-

---

204. AGOSTINHO, *De perseverantia*, c. 2: PL 45, 996.

der de quem tem a graça. Logo, como pertence à perseverança abster-se do pecado mortal até o fim da vida, parece que quem tem a graça não pode evitar o pecado mortal.

4. Além do mais, assim como o nada se refere ao ser da natureza, assim também o defeito do pecado se refere ao ser da graça. Ora, a criatura, que segue o ser da natureza dado por Deus, não pode conservar a si mesma no ser da natureza de modo que não decaia em nada, a não ser que seja conservada pela mão de um fundador. Logo, alguém que tenha conseguido a graça não pode fazer por si mesmo, que não caia no pecado mortal.

Ao contrário

1. É o que se diz em 2Cor 12,9: *baste-te a minha graça*. Ora, não é suficiente se por ela não pudesse evitar o pecado mortal. Logo, pela graça o homem pode evitar o pecado mortal.

2. Além do mais, isso fica claro pelas palavras do Mestre no livro II das *Sentenças*,[205] onde diz assim: *após a reparação o homem, antes da confirmação, é oprimido pela concupiscência, mas não é vencido. E tem, de fato, enfermidade no mal, mas graça no bem, de modo que possa pecar pela liberdade e enfermidade, e possa não pecar para a morte por causa da liberdade e da graça que o ajuda.*

Respondo

Respondo, dizendo que uma coisa é dizer que possa abster-se do pecado, e outra que possa perseverar até o fim da vida em abstinência de pecado.

205. PEDRO LOMBARDO, *Liber Sententiantm*, I, c. 6.

Com efeito, quando se diz que alguém pode abster-se do pecado, a potência se dirige só em relação à negação, a saber, de modo que alguém possa não pecar; e isso pode fazer qualquer um que esteja na graça, falando do pecado mortal, porque quem tem graça não inere alguma inclinação habitual até o pecado, mas inere melhor nele uma inclinação habitual para evitar o pecado. E, por isso, quando algo lhe ocorre sob a razão de pecado mortal, dissente dele pela inclinação habitual, a não ser que se apoie no contrário, seguindo as concupiscências, as quais, porém, ele não tem necessidade de seguir; ainda que não possa evitar quando algum movimento da concupiscência surja precedendo totalmente o ato do livre-arbítrio. Assim, portanto, porque não pode fazer com que nenhum movimento da concupiscência não preceda totalmente o ato do livre-arbítrio, não pode evitar todos os pecados veniais. De fato, porque nenhum movimento do livre-arbítrio precede nele a plena deliberação que conduz ao pecado, como por inclinação do hábito, por isso pode evitar todos os pecados mortais.

Mas, quando se diz que esse pode perseverar até o fim da vida em abstinência do pecado, a potência se dirige a algo afirmativo, a saber, de modo que alguém se ponha em tal estado que o pecado não possa dar-se nele; pois, de outro modo, o homem não poderia perseverar por um ato do livre-arbítrio, a não ser que se fizesse impecável. Contudo, isso não cai sob o poder do livre-arbítrio, porque a virtude motiva que surge não se estende a isso. E, por isso, o homem não pode ser a causa de sua perseverança, mas tem necessidade de pedir a perseverança de Deus.

Respostas aos argumentos

1. Respondo, dizendo que o Apóstolo orava para que não fizessem nenhum mal, enquanto não pudessem perseverar na abstinência do mal, a não ser com assistência do auxílio divino.

2. Respondo, dizendo de modo semelhante, ao segundo.

3. Respondo, dizendo que a perseverança se diz de dois modos. Com efeito, às vezes, é uma virtude especial; e, assim, é certo hábito cujo ato é ter um propósito de operar firmemente. E, assim, tem perseverança todo aquele que tem a graça, ainda que não persevere até o fim. De outro modo, toma-se a perseverança enquanto é certa circunstância da virtude que designa a permanência da virtude até o fim da vida. E, assim, a perseverança não está no poder de quem tem graça.

4. Respondo, dizendo que, assim como, quando falamos da natureza, não excluímos dela essas coisas pelas quais a natureza se conserva no ser; assim, quando falamos da graça, não excluímos a operação divina que conserva a graça no ser; sem a qual alguém não pode persistir nem no ser da natureza, nem no ser da graça.

Artigo 14

Décimo quarto, pergunta-se se o livre-arbítrio pode se dirigir ao bem, sem a graça[206]

E parece que sim.

206. Outros lugares: *In II Sent.*, d 28, a. 1; *Ibid.*, d. 39; *In IV Sent*, d. 17, q. 1, a. 2, qc. b, ad 3; *CG.*III, c. 147; *Sum. Theo*, I-II ps., q. 109, a. 2 e a 5; *Ibid.*, q. 114, a. 2; *Ad Cor.*, II, cap. 3, lect. 1.

Argumentos

1. Porque o preceito não se dá acerca do impossível, por isso Jerônimo[207] diz: *maldito quem diz que Deus preceituaria algo impossível ao homem*. Ora, ao homem se lhe preceituou que faça o bem. Logo, o homem pode pelo livre-arbítrio fazer o bem.

2. Além do mais, ninguém deve ser recriminado se não faz o que não pode fazer. Ora, o homem é recriminado justamente se omite fazer o bem. Logo, pelo livre-arbítrio o homem pode fazer o bem.

3. Além do mais, o homem pelo livre-arbítrio pode, de algum modo, evitar o pecado, ao menos quanto a um ato singular. Ora, evitar o pecado é algo bom. Logo, o homem pode fazer algum bem pelo livre- arbítrio.

4. Além do mais, cada coisa pode inclinar-se mais a isso que lhe é natural do que a isso que lhe é contra a natureza. Ora,

207. Cfr. PEDRO LOMBARDO, *Liber Sententiarum*, I, d. 36, a. 6.

o livre-arbítrio se ordena naturalmente ao bem, mas o pecado lhe é contra a natureza. Logo, pode inclinar-se mais até o bem do que ao mal. Ora, pode inclinar-se ao mal por si mesmo. Logo, muito mais ao bem.

5. Além do mais, a criatura retém em si a similitude do Criador por razão de vestígio, e muito mais por razão de imagem. Ora, o Criador pode fazer o bem por si mesmo. Logo, também a criatura e, principalmente, o livre-arbítrio, que está para a imagem.

6. Além do mais, segundo o Filósofo no livro II da *Ética*,[208] pela mesma causa se corrompe e gera a virtude. Ora, pelo livre-arbítrio se pode corromper a virtude, porque o pecado mortal, que o homem pode cometer pelo livre-arbítrio, corrompe a virtude. Logo, pelo livre-arbítrio o homem pode proceder na geração do bem, que é a virtude.

7. Além do mais, em 1Jo 5,3 diz-se: *os seus mandamentos não são pesados*. Ora, aquilo que não é pesado o homem pode fazer pelo livre-arbítrio. Logo, o homem pode pelo livre-arbítrio cumprir os mandados, o que é maximamente bom.

8. Além do mais, o livre-arbítrio segundo Anselmo no livro *Sobre o livre-arbítrio*:[209] *é o poder de conservar a retidão da vontade: que não se conserva a não ser fazendo o bem*. Logo, pelo livre-arbítrio alguém pode fazer o bem.

9. Além do mais, a graça é mais forte do que o pecado. Ora, a graça não ata de tal maneira o livre-arbítrio, que o homem não possa cometer o pecado. Logo, nem o pecado ata de tal ma-

---

208. ARISTÓTELES, *Ethica Nicomachea*, II, c. 1, 1103b6.

209. ANSELMO, *De libero arbitrio*, c. 3: PL 158, 494 B.

neira o livre-arbítrio, que o homem que está no pecado, sem a graça, possa fazer o bem.

Ao contrário

1. É o que se diz em Rm 7,18: *querer o bem está ao meu alcance, não porém o praticá-lo*. Logo, o homem pelo livre-arbítrio não pode fazer o bem.

2. Além do mais, o homem não pode fazer o bem, a não ser por um ato interior ou um ato exterior. Ora, o livre-arbítrio não é suficiente para nenhum dos dois, porque, como se diz em Rm 9,16: *não depende, portanto, daquele que quer*, a saber o querer (que pertence a um ato interior), *nem daquele que corre*, a saber, o correr (que pertence a um ato exterior), mas da misericórdia de Deus. Logo, o livre-arbítrio, sem a graça, de nenhum modo pode fazer o bem.

3. Além do mais, em Rm 7,15, sobre aquilo: *faço o que detesto*, diz a Glosa:[210] *o homem, de fato, quer naturalmente o bem, mas a vontade sempre carece de efeito nisso, a menos que a graça de Deus adira a seu querer*. Logo, sem a graça, o homem não pode fazer o bem.

4. Além do mais, a cogitação do bem precede à operação do bem, como fica claro com o Filósofo no livro II da *Ética*.[211] Ora, o homem não pode cogitar o bem por si mesmo, porque se diz em 2Cor 3,5: *não como se fôssemos dotados de capacidade que pudéssemos atribuir a nós mesmos*. Logo, o homem não pode operar o bem por si mesmo.

---

210. *Glosa* de Pedro Lombardo, PL 191, 1423 A.

211. ARISTÓTELES, *Ethica Nicomachea*, II, c. 4, 1105a31.

Respondo

Respondo, dizendo que nenhuma coisa age para além da sua espécie. Mas cada coisa pode agir segundo a exigência da sua espécie, pois nenhuma coisa está destituída da sua própria ação.

Contudo, há dois tipos de bem. Um, que é proporcional à natureza humana. Outro, que excede à faculdade da natureza humana. E esses dois bens, se falamos dos atos, não diferem segundo a substância do ato, mas segundo o modo de agir; por exemplo, o ato de dar esmolas é um bem proporcional às forças humanas, ao homem que se move a isso por certo amor natural ou benignidade, mas excede à faculdade humana, na medida em que o homem é induzido a isso pela caridade, que une a mente do homem a Deus.

Portanto, consta que o livre-arbítrio não pode, sem a graça, acessar esse bem que está acima da natureza humana. Porque, como por esse tipo de bem o homem merece a vida eterna, consta que o homem não pode merecê-la sem a graça. Contudo, o homem pode completar aquele bem que é proporcionado à natureza humana, pelo livre-arbítrio. Por isso diz Agostinho[212] que o homem pode pelo livre-arbítrio cultivar os campos, edificar casas e fazer muitos outros bens, sem a graça operante. No entanto, ainda que o homem possa fazer bens desse tipo sem a graça santificante, porém não pode fazê-los sem Deus, pois nenhuma coisa pode exercer uma operação natural, a não ser pelo poder divino, como se diz no livro *Sobre as causas.*[213] E isso é verdadeiro tanto nas coisas naturais como nas voluntárias. Porém, este outro modo tem a necessidade de ambos.

Com efeito, Deus é a causa da operação natural, enquanto dá e conserva isso que é princípio natural da operação na coisa,

212. AGOSTINHO, *Hypognosticon*, III, c. 4: PL 45, 1623; Cfr. PEDRO LOMBARDO, *Liber Sententiarum*, II, d. 26, c. 7.

213. *Liber de Causis*, comm. 1.

pelo qual se segue por necessidade uma operação determinada, como quando conserva a gravidade na terra, que é princípio do movimento para baixo. Mas a vontade do homem não é determinada a uma certa operação, mas se refere indiferentemente a muitas; e, assim, de certo modo, está em potência, a não ser que seja movida por algo ativo, ou que se lhe represente exteriormente, como é o bem apreendido, ou o que opere interiormente nela, como é o mesmo Deus, como diz Agostinho no livro *Sobre a graça e o livre-arbítrio*,[214] mostrando de muitas maneiras que Deus opera nos corações dos homens. Contudo, todos os movimentos exteriores são moderados pela divina providência, segundo que Ele mesmo julga que alguém deve ser excitado no bem por estas ou aquelas ações. Por isso, se queremos dizer que a graça de Deus não é algum dom habitual, mas a mesma misericórdia de Deus, pela qual opera internamente um movimento da mente e ordena as coisas exteriores para a salvação do homem, assim, então, o homem não pode fazer qualquer bem sem a graça de Deus. Mas, comumente falando, tomamos o nome "graça" como algum dom habitual justificante. E, assim, fica claro que ambas as razões concluem, de algum modo falso; e, por isso, deve-se responder uma e outra.

Respostas aos argumentos

1. Respondo, portanto, dizendo que aquilo que Deus preceitua não é impossível que o homem o observe, porque pelo livre-arbítrio pode observar tanto a substância do ato, como o modo pelo qual se eleva sobre a faculdade da natureza, a saber, enquanto se realiza pela caridade, pode observar pelo dom da graça, ainda que não apenas pelo livre-arbítrio.

2. Respondo, dizendo que se recrimina retamente ao homem que não cumpre os preceitos, porque não tem a graça por

214. AGOSTINHO, *De gratia et libero arbitrio*, c. 21: PL 44, 908.

sua negligência, pela qual pode observar os mandamentos quanto ao modo, pois pode conservar, porém, pelo menos, pelo livre-arbítrio quanto à substância.

3. Respondo, dizendo que, ao fazer um ato do gênero dos bons, o homem evita o pecado, ainda que não mereça o prêmio; e, por isso, ainda que o homem possa evitar algum pecado pelo livre-arbítrio, porém não se segue que possa alcançar o bem meritório apenas pelo livre-arbítrio.

4. Respondo, dizendo que o homem pode atingir pelo livre-arbítrio o bem que é conatural ao homem; mas o bem meritório está acima da sua natureza, como foi dito no corpo do artigo.

5. Respondo, dizendo que, ainda que na criatura haja similitude do Criador, porém não é perfeita, pois isso só se dá no Filho. E, por isso, não é necessário que qualquer coisa que se encontra em Deus se encontre na criatura.

6. Respondo, dizendo que o Filósofo fala da virtude política, que se adquire por atos, não, porém, da virtude infusa, que é apenas um princípio do ato meritório.

7. Respondo, dizendo que, assim como diz Agostinho no livro *Sobre a natureza e a graça*,[215] os preceitos de Deus são entendidos como por serem leves pelo amor, mas duros pelo temor. Por isso, não se segue que [o homem] possa cumpri-los perfeitamente, a não ser que tenha a caridade. Contudo, não tendo a caridade, ainda que possa cumprir algum, quanto à substância e com dificuldade, não pode, porém, cumprir todos, como não pode evitar todos os pecados.

215. AGOSTINHO, *De natura et gratia*, c. 69: PL 44, 290.

8. Respondo, dizendo que, ainda que o livre-arbítrio possa conservar a retidão quando a possui, porém, não quando não a possui.

9. Respondo, dizendo que o livre-arbítrio não necessita de impedimento para isso que não possa alcançar como o bem meritório, porque excede sua natureza; assim como o homem também não pode voar, ainda que não seja impedido.

Resposta ao contrário

Aos argumentos em sentido contrário fica clara a solução, porque ou procede do bem meritório, ou mostram que sem a operação de Deus o homem não pode fazer nenhum bem.

Artigo 15

Décimo quinto, pergunta-se se o homem, sem a graça, pode se preparar para ter a graça[216]

E parece que sim.

216. Outros lugares: *In II Sent.*, d. 28, a. 4; *Quodl.*, n. 1, q. 4, a. 2; *Sum. Theo.*, I-II, q. 109, a. 6; *Super Ev. Ioh.*, cap. 1, lect. 6; *Ad Hebr.*, c. 12, lect. 3.

Argumentos

1. Porque é vão induzir o homem ao que ele não pode fazer. Ora, o homem é induzido a preparar-se para a graça, como se diz em Zc 1,3: *retornai a mim e eu retornarei a vós*. Logo, o homem sem a graça pode se preparar para graça.

2. Além do mais, isso parece que é assim pelo que se encontra em Ap 3,20: *se alguém abrir a porta, entrarei em sua casa*. Logo, parece que pertence ao homem abrir seu coração a Deus, que é preparar-se para a graça.

3. Além do mais, segundo Anselmo,[217] a causa pela qual alguém não tem a graça não é porque Deus não a dá, mas porque o homem não a recebe. Contudo, isso não se daria se o homem não pudesse preparar-se para ter a graça, sem a graça. Logo, o homem pode se preparar para a graça pelo livre-arbítrio.

---

217. ANSELMO, *De casu diaboli*, c. 4: PL 158, 333.

4. Além do mais, em Is 1,19 se diz: *se estiveres dispostos a ouvir, comereis o fruto precioso da terra.* E, assim, está na vontade do homem que se aproxime de Deus, e fique repleto de graça.

Ao contrário

1. É o que se diz em Jo 6,44: *ninguém pode vir a mim se o Pai, que me enviou, não o atrair.*

2. Além do mais, no Sl 42,3 se diz: *envia tua luz e tua verdade: elas me guiarão.*

3. Além do mais, ao orar a Deus, pedimos que nos converta, como é claro no Sl 84,5: *faze-nos voltar, ó Deus salvador nosso.* No entanto, não seria necessário que o homem pedisse isso se pelo livre-arbítrio pudesse se preparar para a graça. Logo, parece que não pode isso sem a graça.

Respondo

Respondo, dizendo que alguns dizem que o homem não pode se preparar para ter a graça, a não ser por alguma graça dada de graça. De fato, isso não parece ser verdadeiro, se pela graça dada de graça se entende algum dom habitual da graça, por uma dupla razão. Primeira, de fato, porque por causa disso se põe como preparação necessária para a graça, de modo que se mostra alguma razão de nossa parte pela qual é dada a graça santificante e a outros não. Contudo, se nem a mesma preparação para a graça pode se dar sem alguma graça habitual, ou essa graça se dá a todos, ou não. Se se dá a todos, não parece ser outra coisa do que algum dom natural, pois em nada se encontra que convém a todos os homens a não ser em algo natural. No entanto, as mesmas coisas naturais podem ser ditas graças enquanto são dadas ao homem por Deus, sem quaisquer méritos precedentes do homem. Contudo, se não se dá a todos, seria necessário novamente voltar-se à preparação, e pela mesma razão pôr alguma outra graça, e assim até o infinito; e assim é melhor que se mantenha no primeiro. Segunda, porque se preparar para a graça diz-se, de outro modo, fazer o que está em si; assim como é acostumado dizer que, se o homem faz o que é em si, Deus lhe dá a graça. Contudo, isso se diz que está em alguém porque está em seu poder. Por isso, se o homem pelo livre-arbítrio não pode se preparar para a graça, fazer o que está em si não será se preparar para a graça.

No entanto, se pela graça dada de graça entendem a providência divina pela qual o homem se dirige de modo misericordioso ao bem, assim é verdadeiro que sem a graça o homem não pode se preparar para ter a graça santificante. De fato, isso é claro por duas razões.

Primeira, porque é impossível que o homem comece a querer algo de novo, a não ser que exista algo que lhe mova; assim como fica claro pelo Filósofo no livro VIII da *Física*,[218] que o movimento dos animais, após a quietude, é necessário que seja precedido por movimentos, a partir dos quais a alma seja incitada a agir. E, assim, como o homem começa a se preparar para a graça, convertendo-se de novo sua vontade a Deus, é necessário que seja induzido a isso por algumas ações exteriores como, por exemplo, pela admoestação exterior, ou pela enfermidade do corpo, ou por algo desse modo; ou por algum instinto interior, segundo o qual Deus opera nas mentes do homens, ou também por um ou outro modo. Contudo, todas as coisas são providencialmente dadas ao homem pela misericórdia divina; e, assim, pela misericórdia divina, acontece que o homem se prepara para a graça.

218. ARISTÓTELES, *Physica*, VII, c. 4, 253 a-11, e c. 14, 259b3 ss.

Segunda, porque nenhum movimento da vontade é suficiente para a preparação para a graça, assim como nenhuma dor é suficiente para a remissão do pecado, mas é necessário que exista de algum determinado modo. De fato, isso não pode mover o homem, pois inclusive o mesmo dom da graça excede ao conhecimento do homem, pois não se pode saber o modo de preparação para a forma, exceto se conhecer a própria forma. Ora, todas as vezes que for fazer qualquer coisa, busca-se certo modo de operação ignorado pelo operante, e que ao operar tem necessidade de um que governe e dirija. Por isso fica claro que o livre-arbítrio não pode se preparar para a graça, exceto se for dirigido divinamente. E por essas duas razões, Deus fala de dois modos nas Escrituras, de maneira que se opere em nós essa preparação para graça. Primeiro, pedindo que nos converta, como que se converta nisso em que erramos; e isso, pela primeira razão, como quando se diz: *faze-nos voltar, ó Deus salvador nosso*. – Segundo, pedindo que nos dirija, como quando se diz: *Guia me com tua verdade*. E isso pela segunda razão.

Respostas aos argumentos

1. Respondo, dizendo que nos parece que nos convertemos a Deus, por podermos fazer isso, mas não sem o auxílio divino. Por isso, pedimos a Ele, como se lê em Lm 5,21: *converte-nos a ti, Senhor, e nos converteremos*.

2-4. Respondo, dizendo que nós podemos abrir o coração a Deus, mas não sem auxílio divino; por isso se pede em 2Mc 1,4: *que ele vos abra o coração à sua lei e a seus preceitos e vos conceda a paz*. E, assim, se deve dizer em relação às outras coisas, pois o homem não pode preparar-se nem pode querer, a não ser que Deus opere nele, como foi dito no corpo do artigo.

Este livro foi impresso pela Gráfica Rettec
em fonte Garamond Premier Pro sobre papel Pólen Bold 70 g/m²
para a Edipro no inverno de 2022.